社会主義って何だ、疑問と討論

紅林　進編

ロゴス

まえがき

私は研究者ではありませんが、昨二〇一八年に初めて単著として『民主制の下での社会主義的変革』を出版しました。この拙著に対して、一九名もの方々から、心のこもった貴重な書評やコメントをいただき、望外の喜びでした。さらにそれらに対する私のリプライと合わせて、前著の続編として本書を出すことができて大変ありがたく思っています。書評やコメントを寄せていただいた皆様には感謝に耐えません。多くの的確な指摘も受け、自分の考えが及ばなかった点や、様々な新たな視点を教えられました。

ところで、今年は、リーマンショックから十年であるとともに、マルクス生誕二〇〇年にも当たりますが、旧ソ連の社会主義が崩壊して以降、社会主義に対する人々の関心が失われ、二〇〇八年のリーマンショック直後は、多少、関心が戻るかのようにも見えたものの、取り分け日本においては、社会主義についての関心、そして研究や議論が、きわめて低調になっています。かつては、多くの若者の関心を惹きつけてきた社会主義に対する関心が、日本の若者の間で、著しく低下しています。

旧ソ連の崩壊、リーマンショック以降の資本主義も危機と対立を深め、強欲むき出しの新自由主義や格差社会が一層深刻になる中でも、社会主義に対する関心や共感は、日本では残念ながら広がっていません。米国では、トランプのような大統領が誕生する一方で、近年、若い人の間に、社会主義に対する関心が広がっていると言われます。またヨーロッパでは、移民排斥などを主張する極右政党が伸びる一方で、イギリスでは、若い人たちに支えられて、社会主義的主張を掲げるジェレミー・コービンが労働党の党首になっています。スペインでもポデモス等の新しい左翼の台頭が若い人を中心に広がっていると言われます。お隣の韓国では、民主化したとはいえ、いまだに反共諸法や治安諸法が存在しているという制約もあり、直接的には、社会主義を掲げてはいないものの、朴槿恵（パク・クネ）政権を民衆の力で倒したロウソク市民革命や強力な労働運動、そして文在寅（ムン・ジェイン）政権の誕生、朴元淳（パク・ウォンスン）市長の下で進められているソウル市の画期的な諸改革の進展など、目を見張る改革が進んでいます。

民主主義を無視する、戦争できる国づくりに邁進する安倍政権と対決し、それと闘い、倒すことが喫緊の課題です。同時に、資本主義の構造自体を捉え返し、問題にし、それに変わる運動（社会主義やオルタナティブな運動）を築きあげてゆくことも求められていると思います。

本書が社会主義についての議論が活発化する一助になれば幸いです。

二〇一八年九月二九日

紅林　進

社会主義って何だ、疑問と討論　目次

目次

第II部　書評・コメントへのリプライ　紅林　進　187

第Ⅰ部　『民主制の下での社会主義的変革』への書評・コメント

ユーゴスラヴィア社会主義と紅林社会主義論

岩田昌征

1　社会主義過消失のマイナス

私の記録によれば、一九九二年・平成四年、つまり今から四半世紀前に小文「社会主義は資本主義の影としてこれからも存続せざるを得ない」を書いた。そこで、「今日、たまたま太陽は頂点にあり、前後左右に影ができないだけである。太陽が一寸移動するや、影は再び見えて来よう。資本主義が有頂天になり、影の意味を全く忘却するならば、資本主義経済体制の大油断恐慌を招き寄せる可能性さえなきにしもあらずであろう。(1)」

私が上記小文を記す三年前、一九八九年に、ポーランドの自主管理労組「連帯」は、グダンスク「レーニン造船所」電気工レフ・ワレサに領導されて、ポーランド型のテクノクラティックな集権制社会主義体制を打倒していた。ワレサ大統領政権は、資本主義再興の中にこそ民主主義が実現できると妄信して、ポーランド社会から社会主義的な諸要素をすべて一掃しようと成立直後から奮闘した。それから四半世紀、平成三〇年・二〇一八年二月一四日の『朝日新聞』でワレサ自身が次のような発言をせざるを得なくなっていた。「私は、自分が最後の偉大な革命家だったのだと思ってきましたが、ポーランドや米国でいま起こっていることを見ると、そうは思えなくなってきています。今日では、聖人のような人が解決策を提案しても誰も耳を傾けないでしょう。今は詐欺師の時代。みな、人を信じなくなっています」。「金のある人はポーランドでは五%だけです。残りは貧乏で何もできない」。維新十年、西郷南州の心境か。

そして、ソ連邦においても集権制社会主義が崩壊して一〇年後に、つまりプーチン登場前後に、あるイギリス紙の記者であるロシア人は「マルクスから共産主義について教えられたことはすべて嘘だった。しかし、資本主義について教えられたことは何から何まで本当だった」とシニカルに語った(2)。

ソ連型の計画経済社会主義に反撥して、市場経済と協議経済を節合した自主管理連合労働システムと称する社会主義を実践して来たユーゴスラヴィアも亦崩壊して、資本主義が再建された。ベオグラードのタクシーで運転手に「どうだい。今と自主管理の時代をくらべると」と聞いてみると、「あの頃は連中が家を別にもう一軒持っていると、特権だっーと責めていたものだ。今じゃ、何十軒も持ってやがる」と返答して来た。去年のことだ。

社会主義の実生活を生きた凡人達が資本主義の実生活にこんなはずではなかったと失望してい

るのは事実であるが、だからと言って、旧社会主義復古の社会運動があるわけではない。資本主義への失望気分が資本主義批判と何か新しい社会経済の探索に昇化するには思想人・宗教人による理論的な触媒が必要なのであろう。それはまだ生まれていない。

2 ユーゴ社会主義像の復興としての紅林社会主義論

紅林進氏から処女作『民主制の下での社会主義的変革』を贈ってもらった。ペンネーム紅林進はまことに古典的である。紅旗が林立して前進する映像を喚起させる、かかる筆名をアナクロニズム、時代錯誤と感じる人々も多くいるであろう。

紅林は書く。「資本主義に代わる社会について、『社会主義』と言わず、『オルタナティブ』等と呼ぶ傾向が強い。……手垢の付いた用語を避けて、もう一度一から社会の在り方を考え直し、追求しようという人々もいる。……私は『社会主義』を掲げて、人類が巨大な犠牲や失敗を伴いつつ、苦闘し、追求してきた理想、そして貴重な経験を捨てるべきではないと思う」(三二頁)。

このように「社会主義」を前面に押し出す紅林が語る「再構築されるべき、私が考える新たな社会主義像」(一二三頁)は、いかなる姿をしているのであろうか。それは、本書第I部の第一論文「社会主義社会をどのように構想し実現するか」と第二論文「社会主義的変革の可能性と困難性」にかなり詳しく書かれている。一読再読してみて、紅林の提起する社会主義像が本当に「新たな」と形容できるものか否か、疑問に思う。それは、かつて視られたことがある。ほぼ完全に旧ユーゴスラヴィアにおける労働者自主管理社会主義の理念像・青写真、そして法定の諸制度に重なる。勿論、紅林自身もそれを自覚しており、以下のように明記している。

「ただ労働者自主管理企業といっても、旧ユーゴスラビアでの実験が、必ずしもうまくゆかなかったように、労働者による名目的な『自主管理』であったり、党（旧ユーゴスラビアの場合は『共産主義者同盟』）の支配が前提としてあったり、労働者自主管理企業による、労働者間の分断や狭い集団利益にとらわれた企業行動や企業利益を求めての市場経済的競争等を防ぐ仕組みも必要である。（もっとも、旧ユーゴスラビアの崩壊は、この労働者自主管理企業制度の問題というより、民族対立とそれを生み出した市場経済による、地域間経済格差の拡大が根本的原因と私は考えるし、西側諸国による介入もそれに拍車をかけた）」（一六〜一七頁）。

一言で評すれば、紅林の「新たな社会主義像」は、決して新しいわけではない。

一九四八年にチトー、カルデリ、ジラス、キドリッチ等のユーゴスラヴィア共産党は、心ならずも、意外な事に、スターリンの主導するコミンフォルム、国際共産主義運動から除名され、世界中の共産主義者達から「裏切り者」、「アメリカ帝国主義の手先」等々とののしられた。だからと言って、米欧の資本主義陣営に身を売らずに、国際社会においては武装非同盟外交に、国内の社会主義建設においては労働者自主管理社会主義の方向性に活路を見い出した。後者の理念論上、法制度上の到達点が一九七四年憲法と一九七六年連合労働法である。紅林の「新たな社会主義像」は、すっぽりまるごと旧ユーゴスラヴィアの自主管理連合労働システムに納まる。

例えば、紅林は、「労働者自主管理企業、アソシエーション型社会」を主張する。ユーゴスラヴィア共産主義者同盟は、アソシエーション（連合 association）、セルボ・クロアチア語では Udruzenje（ウドルジェーニェ）の概念を労働と結合して、連合労働とし、資本主義とソ連型社会主義の双方に機能する企業概念を克服するものとなす。私有財産である諸生産手段の結合体である資本主義企業や国有財産である諸生産手段の結合体であるソ連型社会主義企業とは異なって、ユーゴスラヴィアの諸生産単位は、労働の連合体が先行し、その活動条件として社会有生産手段の結合体が成立する、と説く。従って、企業における社会経済的意思決定の正当性根拠は、資本主義にあっても、ソ連型社会主義にあっても所有であるのに対し、労働連合体＝連合労働組織における社会経済的意思決定の正当性根拠は、所有ではなく、労働自体にある。紅林の「労働からの解放、労働の解放」（二一一〜二一三頁）を実現可能にする社会経済関係は、所有主権制ではあり得ず、上記の如く労働主権制にある。一九七四年憲法・一九七六年連合労働法体制の根本がここに存する。

紅林は、資本主義と市場経済を等値することなく、社会主義における市場メカニズムの活用を肯定する。しかし同時に、市場経済的無政府性を克服する為に「下からの分権的協議経済的計画化」（三三一～三七頁、傍点は岩田）を主張する。市場経済における需給調整が事後的であるのに対し、事前的に需給調整するのが計画経済である。その計画経済にも二種あって、ソ連型は上からの指令、紅林の提案するそれは下からの協議の積重ねである。ここで、紅林は、「村岡氏が主張している『協議経済』とも言える。……（なお『協議経済』は実際に旧ユーゴの自主管理企業でも一時期追求された）」（三六頁）と指摘している。

紅林は、「下から」を強調しているが、一九七四年憲法・一九七六年連合労働法の体制の原理は、もっと徹底しており、かかる「上から」や「下から」と言う垂直的社会関係観ではなく、水平的社会関係観への転換を指向するものであったから、上下に代えて、広狭なる用語が使われていた。また、紅林は、「旧ユーゴでも一時期」と書く。だが単に一時期と言って済ませられるものではない。一九七四年・一九七六年体制に移行する以前においても、協議計画化は実践的に探求されていた。ここに「一九七一～七五年期発展計画の準備と採択のための諸活動の基本的予定流れ図」がある[3]（次頁）。

この図の「労働組織」とは、日本社会で言う労働組織ではなく、会社や企業に相当する事業組織である。この図をじっくり読み込めば、協議的計画化の概念がつかめるであろう。労働組織と労働組織の連合、そして共和国と連邦の省庁が同一水平線に置かれている。上下関係の性格を否定しているのだ。但し、一九六〇年代末では、マルクスのアソシエーション思想で経済活動、社会活動、

1971-75 年期発展計画の準備と採択のための諸活動の基本的予定流れ図

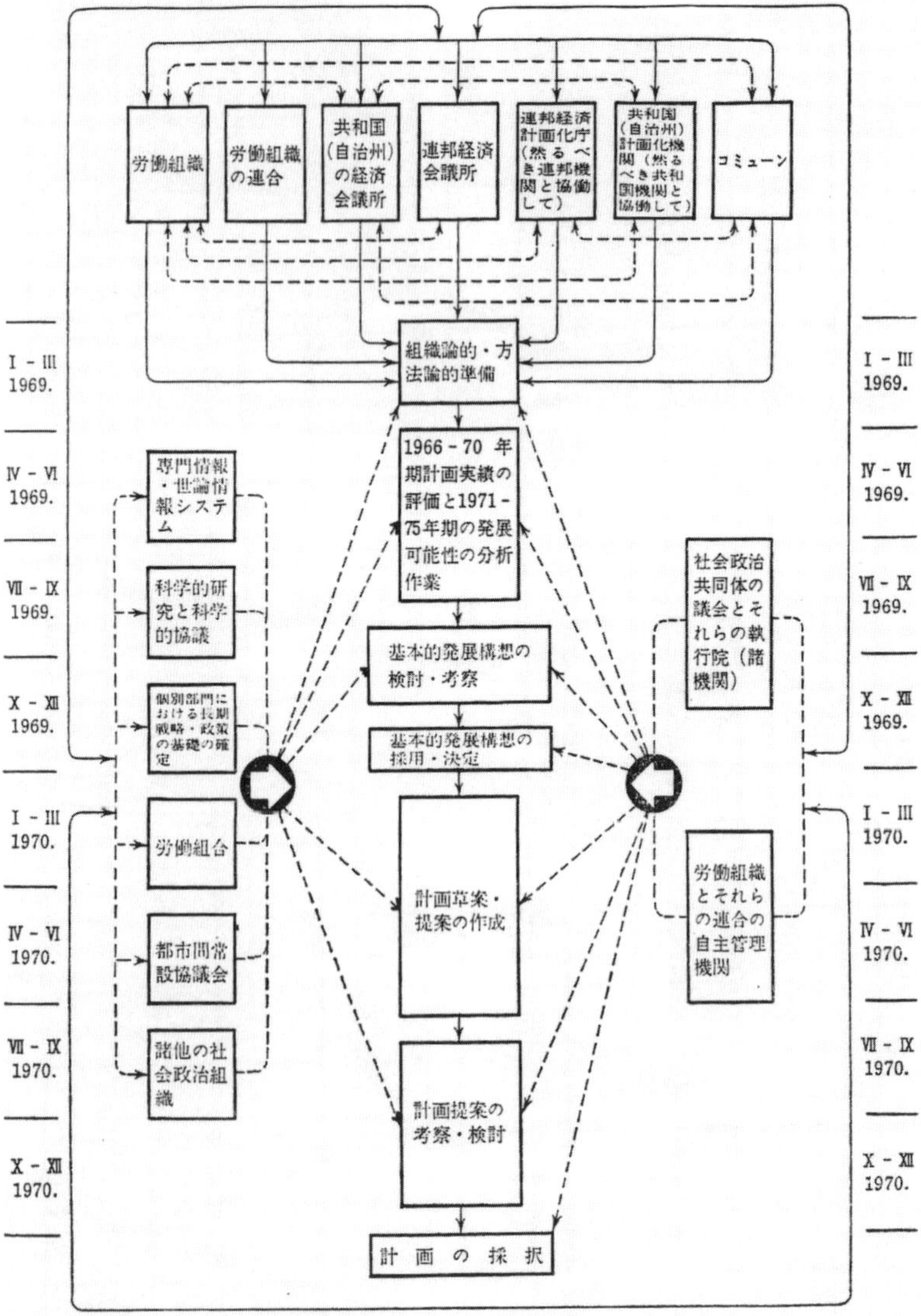

文化活動を統一的に把握し、再構成しようとする思想性が前面化・全面化しておらず、「労働組織」なる用語が使われていたが一九七〇年代になると、それは一斉に「連合労働組織」や「連合労働要素組織」、すなわちOrganizacija Udruzenog Rada、Osnovna Organizacija Udruzenog Rada、約してOUR、OOUR、英語表記ではOrganization of Associated Labour、Basic Organization of Associated Labour、約してOAL、BOALへと標記替えされた。この変更は、経済メカニズムのレベルでは、マーケット重視から協議ネットワーク建設への急傾斜を意味していた。

当時、私＝岩田は、OOUR、BOALの訳語を「連合労働基層組織」、「連合労働基礎組織」としていたが、一九七四年憲法・一九七六年連合労働法システムの基本哲学が社会関係の上下性を水平性・広狭性へ出来る限り転換しようとする所に在ることを十二分に理解していなかったからである。上下を含意する「基層」や「基礎」ではなく、その含意から自由な「要素」が適訳であろう。

3　ユーゴ社会主義失敗の一因としての協議経済の過剰

日本の資本主義経済の真っ只中で協同組合や生産者協同組合を目指して運動する人達がスペインのモンドラゴン協同組合を参考にするのは自然である。しかしながら、資本主義にかわる社会主義システムを最終的に目指す紅林のような論者が「なぜ旧ユーゴで失敗し、なぜモンドラゴンで、効率性とも両立させながら、持続的に発展しえているかも研究・検討されるべきである」（九三頁）と書かれると、首を傾げざるを得ない。二三〇〇万人の人口を有した一国の経済システムの「失敗」を巨大とは言え一つの協同組合の成功と同列に論じる事は出来ない。旧ユーゴスラヴィアにおいても効率性や創意性を発揮し、事業に成功していた労働者自主管理企業――時に経済組織、時に労働組織、時に連合労働組織と言う風に呼称は変遷したが――は沢山ある。勿論、失敗したケースもある。一九七四年に出版した『労働者自主管理』（紀伊国屋新書）に夫々の実例としてエネルゴインヴェストとアィヴァリエ鉱山を挙げておいた（二〇〇〜二〇八頁）。

システムの崩壊と一事業体の成功は、差し当たり別次元の問題である。旧ユーゴスラヴィアにおける社会主義システムの崩壊は、協議経済ネットワークの機能不全に起因する所がかなりある。水平的な自主管理協定・社会協約のネットワークで諸連合労働組織間の社会的分業を回転させると言う一九七四年・一九七六年体制が予定され意図された通りには機能しなかった。かくして、ユーゴスラヴィア社会主義は、一九八〇年代前半に社会経済体制の改革を開始せざるを得ない。

ところが、ユーゴスラヴィア社会主義は、ソ連型の集権制計画経済から始めて、労働者自主管理企業の市場・国家計画混合経済、労働者自主管理企業の市場優位経済を経て、そして最終的に連合労働組織の協議ネットワーク経済へと経済困難・経済危機のたびごとに、それをチャンスにして、社会主義のあるべき経済システムを正面突破的に前方展開して来た。その最終的到達点、すなわち頂点が連合労働組織の協議ネットワーク体制であったわけである。もはや、前方に新しい経済社会像が見えない。構想出来ない。自信を失う。

ここに、四〇年間に及ぶ社会主義建設過程の歴史的長期疲労の累積がどっと表面化する。事実、当時、「社会主義は歴史的疲労困憊状態にある。」と当事者たちによって語られていた。そういう社会心理状態が瀰漫している所へ、ユーゴスラヴィア連邦の「友愛と団結」にかわって各共和国の民族主義が、ユーゴスラヴィア社会主義にかわって資本主義的ネオリベラリズムがどんよりとただよっていた慢性疲労感を吹きとばす、まさしく一陣の新突風、新鮮な春の嵐の如くに吹き荒れたのである。民族主義もネオリベラリズムも八〇年代末・九〇年代初の気分においてなつかしくもすがすがしい解放の思想そのものであった。

このような民族主義的かつネオリベラル的解放の主役は、勿論、古い世代ではなく、若い知識人世代であった。今手元に一冊の大部な書物がある。一九七〇年から二〇一五年に至る四五年間、二三四〇週にわたってミラン・ミロシェヴィチが毎週毎週方々に発表して来た社会批評・文化評論の集成である。題して、『左寄り両親達の右寄り子供達』。その通りである。一九八〇年代と九〇年代の交点以前が左の両親達の時代、それ以後が右の子供達の時代。

4　ユーゴ社会主義研究の必要

今日正直に見れば、社会主義対資本主義のイデオロギー対立の色眼鏡をはずして見ても、子供達の実績は、両親達の実績に見劣りする。それが今でもユーゴノスタルジーと言う形で姿を現わす。そして、日本人研究者の感受性によってキャッチされて、好著を生んでいる。鈴木健太／百瀬亮司／亀田真澄／山崎信一による集団著作『アイラブユーゴ　大人編　自主管理社会趣味vol 1』、『アイラブユーゴ　男の子編　自主管理社会趣味vol 2』、『アイラブユーゴ　女の子編　自主管理社会趣味vol 3』が平成二六年、平成二七年に社会評論社から出版された。分離独立後のセルビアやクロアチアに留学しているが、自主管理時代のユーゴスラヴィアの生活経験はない。そんな世代の研究者達が「左の両親達」が築いた社会主義的実生活を生き生きと描出してくれている。是非とも紅林はこの三巻本を一読して欲しい。そうすれば、モンドラゴンの成功と旧ユーゴの失敗などと言うミスリーディングな対比をする気にならなかったはずであろう。

さて、評者である私＝岩田の諸著書に言及させてもらおう。紅林の社会主義像に当たるユーゴスラヴィア社会主義の理念像・法制度像は、『社会主義経済システム　現代・計画・市場』（昭和五〇年・一九七五年、新評論）の第一〇章「ユーゴスラヴィア社会主義の経済システム」、そして『現代社会主義の新地平』（昭和五八年・一九八三年、日本評論社）の第四章「自主管理連合労働体制の構図」に詳しい。

かかるユーゴスラヴィア社会主義の協議経済が現実に露呈した諸困難に関しては、『凡人たちの社会主義　ユーゴスラヴィア・ポーランド・自主管理』（昭和六〇年・一九八五年、筑摩書房）所収の「一、ユーゴスラヴィア社会主義を旅する」、そして『ユーゴスラヴィア　衝突する歴史と抗争する文明』（平成六年・一九九四年、ＮＴＴ出版）の第三章「自主管理社会主義の矛盾と終焉」に論述されている。紅林は、かかる諸困難を「民族対立とそれを生み出した市場経済による、地域間経済格差の拡大が根本原因」（一七頁）とする論脈で裁断して、協議的計画化に解決を見出していた。しかしながら、協議経済の制度的過剰存在も亦、経済的かつ民族主義的諸困難の一原因となった。

評者は、紅林が自分の提出する社会主義像をユーゴスラヴィアにおける実践結果の再吟味に基づいて更なる説得力のある姿に仕上げてくれることを期待する。

5　三種節合経済の展望

岩田と紅林の間に存在する決定的相違は、社会主義、自主管理的社会主義の理解に在るのではない。そうではなくて、資本主義Ｍ、集権制計画経済の社会主義Ｐ、そして協議制自主管理の社会主義Ｃ、これら三者間の移行関係――実は、相互移行関係――の性格に関する理解・了解の相

「トリアーデ体系」の図

次元＼トリアーデ	第一系列M	第二系列P	第三系列C
① 経済人類学	交換	再分配	互酬
② 近代的価値理念	自由	平等	友愛
③ 所有制	私的所有	国家的所有	社会的所有
④ 経済メカニズム	市場メカニズム	計画システム	協議ネットワーク
⑤ 経営管理	私的経営	国家的経営	自主管理
⑥ 分配様式	賃金と利潤という市場カテゴリー	国定賃金表	所得分配協議
⑦ 人間類型	極大化タイプ	標準化タイプ	適量化タイプ
⑧ 権利・責任	個権・個責	集権・集責	共権・共責
⑨ 社会心理	不安と安	不満と満	不和・不信と和・信
⑩ 人間関係	原子化	位階化	相互規制
⑩' 社会構造	階級社会	階層社会	団体社会
⑪ 政治的決定	A.K.センのER制約下の多数決	13人から成る集団指導制	A.KセンのVR・LA制約下の多数決
⑫ 家族関係	夫婦関係	親子関係	兄弟姉妹関係
⑬ 象徴的死	自殺	他殺	兄弟殺し
⑭ 代表国	英米	旧ソ連	旧ユーゴスラヴィア
⑮ 総称	個体主義	全体主義	団体主義

違である。ここでは詳述出来ないが、私は、昭和五八年・一九八三年出版の『現代社会主義の新地平』以来、以下の「トリアーデ体系」を創案して、それに基づいて資本主義vs社会主義の問題を思索して来た（前頁）。

トリアーデとは三つ組、三幅対のことである。紅林は、伝統的歴史観に従って、社会主義を資本主義の後に来る将来社会と考えている。私はそうは考えない。たしかに、資本主義が歴史上最初の近代社会であった。ソ連型の社会主義もユーゴスラヴィア型の社会主義も半資本主義社会の中から近代資本主義に遅れて、それに刺戟されて、誕生した。私は、二〇世紀の歴史に観察できた三種の経済社会から「トリアーデ体系」の理念型を概念化した。

近現代の経済社会は、それぞれの地域的、民族的、歴史的諸特性に影響されて、M、P、Cが異なる割合で、特徴ある仕方で節合された経済である。何等かの理由で節合バランスがくずれ、どれかが過剰、すなわち他のどれかが過少となると、経済全体が機能不全となり、崩壊する。その様相は、次の正三角形図に示される（次頁）。

要するに、一〇〇％純粋な市場経済、一〇〇％純粋な計画経済、そして一〇〇％純粋な協議経済は、観念世界の中ではいざしらず、現実の人間社会では存在し得ない。M、P、Cの夫々は、その過剰による機能停止領域を有する。但し、三者間にそれらの経済崩壊領域に大小広狭の差がある。現在、全世界の経済は、市場過剰による機能不全から経済崩壊領域に接近しつつある。具

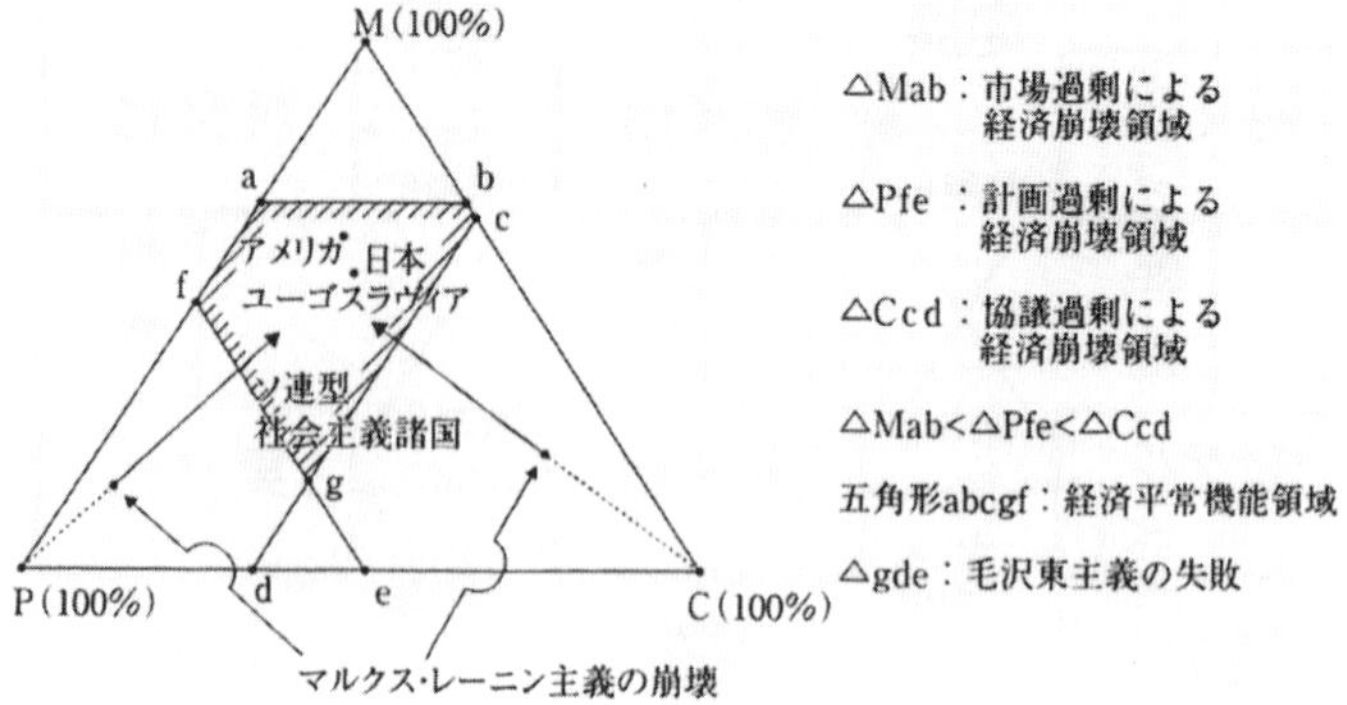

体的に言えば、経済社会に様々な困難が出現すると、まだまだ市場化の濃度と範囲が不完全であるからだ、市場化を促進しようとオートマティックに考えてしまう慣性が強い。そこに市場主義信仰の経済的知性の危うさがある。経済の現実が必要としている計画性や協議性をイデオロギー的に心理的に拒否してしまう。

今日、計画指向（P）であれ、協議指向（C）であれ、社会主義運動の復興に根拠があるのは、資本主義（M）を完全に解体して、社会主義を純粋に実現する事を目指すからではない。一九九〇年代に旧ソ連東欧と旧ユーゴスラヴィアにおいて計画経済と協議経済を必要以上に過度に解体してしまった負の経験を反資本主義、資本主義批判の方向においてなら再現してよいわけではない。

このように三種節合経済論を一九八〇年代以来獲得していたが故に、私＝岩田は現代資本主義批判の知的世界で過度に拭い去られた「社会主義」を前面化しようとする紅林進氏の努力を支持する。先に指摘した「社会主義の歴史的疲労」は、「歴史的徒労」ではないからである。

〈注〉

(1) 岩田昌征著『社会主義崩壊から多民族戦争へ　エッセイ・世紀末のメガカオス』平成一五年・二〇〇三年、お茶の水書房、一九五頁。

(2) クライスティア・フリーランド著／角田安正・松代助・吉弘健二訳『世紀の売却　第二のロシア革命の内幕』平成一七年・二〇〇五年、新評論、二四頁。

(3) 岩田昌征著『社会主義の経済システム　現代・計画・市場』昭和五〇年・一九七五年、新評論、三五三頁。原図は以下の文献より。Savezni Zavod za Privredno Planiranje I Savezni Privredni Komor, Institucionalni Osnovi za Izradu Društvenog Plana Razvoja Jugoslavije za Period 1971-1975. Godine, Informator-Zagreb, 1969.

デンマークに学ぶ必要性

宇都宮健児

1 「現存社会主義国」の実態は？

著者は、「まえがき」において次のように述べている。

「一方、米国をはじめとする資本主義は、ソ連が崩壊し、冷戦に勝利したとして、自らを制約するものがなくなり、資本主義の本性をむき出しにして、強欲な新自由主義政策をやりたい放題に進めている。一％が九九％を支配すると言われるような富の偏在、格差社会化も深刻である。

私は、搾取や収奪を生み、格差や貧困を生み出し、利己心を刺激し続ける資本主義がよいとは思わないし、それを克服するには社会主義が必要だと考える。具体的には生産手段の私的所有を廃して、社会的共有に移し、労働力の商品化を廃して、労働者が生産の主体、主人公になることであり、すべて市場にゆだねるのではなく、人々の下からの協議の積み上げによる分権的協議計画経済を築き上げてゆくことが必要と考える。資本主義の下では『民主主義は工場の門の前で立ち止まる』と言われるが、経済面での民主主義の徹底が社会主義だと私は考える。」

また「第Ⅰ部社会主義への理論的探求」の中の「社会主義的変革の可能性と困難性」「1『ルールある資本主義』ではなく『社会主義』を」の中では次のように述べている。

「資本主義を否定する『社会主義』ではなく、資本主義や市場経済を前提にして、社会保障や福祉等、分配面で格差を是正すればよいとする、あるいは生産手段の私的所有と賃労働を前提としつつ、労資協調を図ろうとする『社会民主主義』しかないように言う人々もいるが、果たしてそうだろうか？　格差や不平等を生む背景には、生産手段の私的所有がある。利潤動機の市場経済を前提とするのでは、人々は利己的になり、人間性や社会は荒廃する。また、景気変動や今回のような経済危機も避けられない。不平等を構造的に生み出す、生産手段の私的所有という資本主義の制度そのものを変える必要がある」。

著者は、このように貧困や格差を克服するには、生産手段の私的所有を廃止して社会的所有に変える「社会主義」を実現する必要があると強調する。

しかしながら生産手段の私的所有を廃止した旧ソ連や中国をはじめとする現存社会主義国においては、貧困や格差問題が解消されたとはとても言えないのが実状ではなかろうか。

他方、同じ資本主義国でもアメリカを中心とする新自由主義的なグローバル資本主義に対し、ヨーロッパではドイツ、フランスなどグローバル資本主義の暴走に抵抗する社会民主主義を志向する国も存在する。そして現在世界各国の中で貧困や格差を最も是正できているのが、社会民主主義的政策を実行している北欧諸国である。

著者が貧困や格差の是正のためには、私的所有を廃止し、社会的所有に変える必要がある、私的所有を前提とする「社会民主主義」ではだめで、私的所有を廃止する「社会主義」が必要であると主張するのであれば、現在世界中で最も充実した福祉により貧困と格差を是正してきている北欧の社会民主主義諸国の具体的分析を行い、どこに問題があるか指摘すべきなのではないだろうか。

2 デンマークに学ぶ

A 世界一貧困と格差が小さな国

北欧諸国はおしなべて貧困や格差が小さな国であるが、中でも最も貧困や格差が小さな国はデンマークである。デンマークは、ここ数年の調査で、OECD加盟国の中で最も相対的貧困率が低い国となっている。他方、日本は経済大国ではあるが貧困率が大変高い国となっている。

二〇一五年の「世界主要国の貧困率国際比較統計・ランキング」によれば、デンマークの相対的貧困率は五・五％で四二か国中最も貧困率が低い国となっている。同ランキングによれば日本は三〇位で一六・一％、米国は三五位で一六・八％、中国は最下位の四二位で二八・八％となっている。

二〇〇八年のＯＥＣＤ調査によると二〇〇〇年代半ばの相対的貧困率は、デンマークはスウェーデンと並んで五・三％であり、最も貧困率の低い国である。同じ調査では、日本は一四・九％であり、トルコ、アメリカに次いでＯＥＣＤ加盟国の中で貧困率が三番目に高い国となっている。

格差を示す「ジニ係数」でも、デンマークは格差のもっとも小さな国である。ＯＥＣＤ発表の二〇〇〇年代中期のデータによるジニ係数の国際比較では、デンマークは〇・二三二で加盟国で最小となっている。二位がスウェーデン（〇・二三四）で、日本は一七位の〇・三二一で、ＯＥＣＤ平均の〇・三一一を上回っている。

Ｂ　世界一幸せな国

デンマークは、国民の幸福度調査でも、世界一にランクされており、もっとも住みやすい国のひとつであるといわれている。

一九九一年にアメリカのペンシルベニア大学リチャード・エステス教授によって発表された、国民生活の観点から見てもっとも進歩した国はデンマークで、次がノルウェー、第三位がスウェーデンと北欧諸国が上位を占めている。日本はその時点で一四位、米国が一八位、旧ソ連は四一位となっている。

この調査は一二四か国を対象に、国連や世界銀行のデータなどを使って保健、福祉、医療、人権、市民的自由、女性の社会的地位、一人あたりの国民所得のほか、教育、文化、経済など四六項目を調査して得た結論である。デンマークはエステス教授が研究を始めて二〇年間トップを維持している。同教授によると二〇〇〇年の順位では一位デンマーク、二位スウェーデン、三位ノルウェー、四位フィンランドと、北欧諸国が上位を独占し、日本は一八位、米国は二七位に後退している。

C　充実した福祉

デンマークでは、医療費は無料であり、財源は税である。国内に平均一五〇〇人に一人の割合で各地域の家庭医がおり、より専門の治療が必要となれば、家庭医の紹介で専門病院に行って治療を受ける。出産費も無料である。また教育費も、授業料は大学まで無料である。

〇歳～三歳の九二％が保育所、三歳～六歳の九七％が幼稚園に行っている。保育所・幼稚園の費用の二五％を親が負担し、残りは自治体が負担している。保育所はほとんどが公立であり、公立の保育施設に預けられる割合は九七・四％であり、待機児童はいない。

一九八〇年に、産休に関する法律が成立し、二〇〇二年の法改正により、産前産後の休暇が合わせて五二週間に伸びた。男女の賃金は平等と定められている。このように女性が働きやすい環境境が整っているため、デンマークでは女性の就業率が極めて高い。

年金者になる前の職業の種類や所得に関係なく、六五歳で退職すれば一律に充実した年金が支給されている。

早期年金（障がい者年金）は、身体的・精神的・社会的な理由によって就労できない者あるいは労働能力が低下した者に対して支給される年金で、支給対象は一八歳から六四歳までとなっており、六五歳から国民年金に移行することになっている。

高齢者に対しては、訪問介護、訪問看護、高齢者センターに入り二四時間ケアを受けることなど、充実した介護サービスが行われている。まさに「ゆりかごから墓場まで」社会保障が充実した「生活大国」となっている。

D　短い労働時間とフレキシキュリティ

デンマークでは法定労働時間は週三七時間までと定められており、残業はなく、日本で多発している「過労死」「過労自死」はない。年間六週間の有給休暇があり、有給休暇を使って三週間の夏休みをとるのが普通である。また最低賃金は時給一六五〇円である。労働時間は少ないが、一人当たりの名目GDPは世界六位である。ちなみに日本は一人当たりのGDPは世界二九位である。

デンマークの労働市場は、「黄金の三角形（ゴールデントライアングル）」と呼ばれる三要素、すなわち①フレキシブルな労働市場、②手厚い失業保険制度、③積極的労働市場政策を兼ね備えており、これらが相互にバランスをとって機能する「フレキシキュリティ」（フレックス＋セキュリティ、柔軟性と安全性の両立）の代表例として注目されている。

デンマークは、失業しても次の仕事が見つかるまで安心して生活できる手厚い失業保障がある。デンマークの失業手当は現在、三年間以内に二年間分受け取ることができる。金融危機以前は四年間分だった。それ以前は、七年間分、九年間分という時代もあったということである。

社会保障、福祉が充実したデンマークであるが、世界一といわれる海運会社「ＡＰモラー・マースク」、インスリンの世界シェア五〇％の「ノボルディスク」、豚肉で有名な「ダニッシュ・クラウン」など国際競争力に富む産業、企業が存在する。さらに、デンマークの国土の約六三％が農地で、一軒の農家で三〇〇人を養える食料を生産しており、デンマークの食料自給率は三〇〇％を超えている。

Ｅ　高い国民負担率

デンマークの国税と地方税を会わせた税負担率は六五・一％、年金や医療保険などの社会保障負担率は二・七％、両者を合わせた国民負担率は六七・八％（二〇一六年）であり、世界で最も高い水準にある。日本は、租税負担率二二・一％、社会保障負担率一六・四％、国民負担率三八・五％である（二〇一〇年）。

所得税として、国税（三・六％または一五％）、地方税（平均二四・九％）、医療賦課税（八％）があり、これらの合計の上限が五一・五％である。このほかに、労働市場貢献税（八％）という直接税がある。一般的な中間所得者層の直接税の税率は、四〇％台であり、国民全員に対し、四〇％から五〇％台の高い直接税が課されている。間接税（消費税）は二五％、法人税は二五％である。

このようにデンマークは、高い税率の直接税、間接税（消費税）による潤沢な財源により、福祉、医療、教育など国民生活に不可欠な社会サービスを実施することで、所得再分配政策を有効に機能させ、生活水準を平準化させ、貧困と格差を減少させてきている。

このような高い税負担の背景にはデンマークの人々の強い連帯意識、社会的連帯の思想がある。

F　普遍主義に立脚した福祉政策

所得再分配政策に関しては、最下層あるいは貧困者のみを対象とする選別主義と全ての国民を対象とする普遍主義の考え方があるが、デンマークは、他の北欧諸国と同じく、選別主義を排除し、普遍主義に立脚している。

選別主義については、富裕層が貧困層に給付されるための税金を払うことになると、税金を支払うことへの富裕層の抵抗を強め、福祉国家維持に反対する勢力を生み出し社会の分裂を招くことになると指摘されている。

普遍主義によって、大学までの無料の教育、無料の医療など、全ての国民が直接的・間接的に社会保障政策の恩恵を受け、そのことが、国民の分裂や貧困層の孤立化を防ぎ、高負担への国民の支持と国民全体の連帯を可能としている。

G ノーマライゼーション

ノーマライゼーションとは、障がい者が他の人々と等しく生きる社会の実現をめざす考え方である。一九五〇年代、デンマークの知的障がい者収容施設で多くの人権侵害が行われていたことに対し、行政官ニルス・エリク・バンク＝ミケルセンが提唱した理念で、一九五九年デンマークで制定された知的障がい者福祉法に盛り込まれたことから欧米諸国に広がった。

ノーマライゼーションは、障がいのある人を同じ平等な人として受け入れ、その人の生活条件を可能な限り普通の生活条件と同じとなるように努力するという考え方である。端的にいえば、ノーマライゼーションとは、障がいのある人たちが、可能な限りその国の、あるいはその地域のごく普通の一般市民と同じような条件のもとで、権利として生活できるようにすることである。

ノーマライゼーションの理念は一九七一年に国連総会で採択された「知的障がい者権利宣言」、一九八一年の「国際障がい者年」の制定、二〇〇六年に国連総会で採択された「障がい者権利条約」、などのなかに反映されている。

H 福祉国家を支える民主主義

デンマークでは民主主義が重視されており、対話を重視した民主主義教育がなされている。民主主義はデンマークにおいては学校教育の根幹をなしている。学校教育の目的の大きな使命のひとつは、生徒に民主主義を教えることであり、ホームルームは民主主義を体得する大切な機会となっている。国民学校の運営は学校の理事会が責任を持って運営している。理事会は教師、保護者、生徒代表二名が参加する。生徒を理事会という重要な意思決定機関の構成員として位置づけ、民主的な手続きのもとで学校運営に参加させている。

デンマークでは、一人ひとりの考え方や他人を尊重することが教えられているので日本のような陰湿ないじめはほとんどない。デンマークで日本のような深刻ないじめや不登校がほとんど見られない理由は、①デンマークでは歴史的に自由、平等、共生、連帯という理念がごく自然に国民性として根付いていること、②教育システムに多様な選択肢があり、日本のように教育の方向性が均質化・画一化されていない、③進路に関して子どもがどれを選ぶかは自己決定に委ねられており、親の価値観の押しつけがない、④幼児教育では遊びが重視され、集団になじむことや人間関係の形成に重点が置かれていること、⑤どの学校にも理事会組織があり、学校運営に保護者、生徒も加わり、彼らの意見が十分に反映されていること、などが上げられる。

Ｉ　参加型民主主義

デンマークでは高齢者委員会、障がい者委員会など、行政の政策決定過程に、市民や住民の意思を民主的な方法や手続きを経て反映させるシステムが公的に保障されており参加型民主主義が機能している。

高齢者委員会は高齢者自身が自分の自治体の高齢者福祉政策に対して提言、助言、要望する公的な住民組織で、一九九七年にすべての自治体に設置することが法制化されている。議会が新しく高齢者福祉の政策や計画を決める場合は、必ず高齢者委員会に諮問しなければならない。

また二〇〇六年、各自治会体に障がい者団体の代表が参加する障がい者委員会の設置を義務付ける法律が成立し、自治体の議会は、障がい者施策の決定にあたり、障がい者委員会の意見を聴かなければならないことになっている。

一九七三年のオイルショック後にデンマーク政府が原発推進計画を打ち出した際、環境ＮＧＯが再生可能エネルギーへの転換を提案し、一〇年間に及び徹底的な国民的議論の末、一九八五年三月国会は原子力に依存しない公共エネルギー政策に関する法案を可決し、原発の放棄を決定している。

税金の使い道や政府の政策などに関する国民の関心は高く、国政選挙の投票率は過去八〇％を割ったことがない。二〇一五年の国政選挙の投票率は八五・八％であった。

デンマークでは、一八歳から選挙権、被選挙権があり高校生の市会議員も誕生している。

また、デンマークでは、女性は一九〇八年に地方選挙、一九一五年に国政への参政権が認められている。ちなみに日本の女性が参政権を獲得するのは戦後一九四五年である。

また、デンマークでは他の北欧諸国と同じく供託金がなくても立候補できる。現在、OECD加盟国三五か国の中で、供託金制度がない国は二三か国になっている。日本はOECD加盟国の中でも断トツに供託金が高い国（国政選挙の供託金は選挙区で三〇〇万円、比例区で六〇〇万円）となっている。貧困と格差が広がる中で、日本は立候補の自由（被選挙権）を奪われた国民が多数存在する極めて非民主的な国となっている。

3　「社会主義的変革」に対する素朴な疑問

立憲主義の理念と基本的人権尊重原理から見た「社会主義的変革」に対する素朴な疑問を提示したい。

社会主義的変革を考える際において、それまでの社会主義国においては「立憲主義の理念や基本的人権尊重原理がなぜ育たなかったのか」についての反省と検証が必要なのではないだろうか。

立憲主義の理念とは、個人の自由や人権を守るために国家権力の行使を憲法によって制限すること、多数者の専制から少数者の人権を守ることと解されている。この、立憲主義の理念を貫けば、国家のために国民があるのではなく、国民のために国家があることになる。

ところが、旧ソ連や現存している社会主義国は総じて極めて国家主義的傾向が強い。

近代国家が採用している立法、司法、行政が分立する三権分立制度は、国民・市民の自由や人権を守るための制度である。三権が一権に統一されると独裁権力となり、国民・市民の自由や人権が侵害される危険性が強くなるからである。

一七八九年のフランス革命の際採択された『フランス人権宣言』の第一六条には、「権利の保障が確保されず、権力の分立が定められていないすべての社会は憲法をもたない」と規定されている。

日本国憲法の三つの原理、基本的人権尊重原理、国民主権原理、恒久平和主義原理の中で、中心的価値を持つのは基本的人権尊重原理である。

憲法一一条は「国民は、すべての基本的人権の享有を妨げられない。この憲法が国民に保障する基本的人権は、侵すことのできない永久の権利として、現在及び将来の国民に与へられる」と規定している。また、憲法一三条は「すべて国民は、個人として尊重される。生命、自由及び幸福追求に対する国民の権利については、公共の福祉に反しない限り、立法その他の国政の上で、最大の尊重を必要とする」と規定している。さらに日本国憲法「第一〇章　最高法規」の章の最初の規定が基本的人権の本質について規定した憲法九七条である。憲法九七条は「この憲法が日本国民に保障する基本的人権は、人類の多年にわたる自由獲得の努力の成果であって、これらの権利は、過去幾多の試練に堪へ、現在及び将来の国民に対し、侵すことのできない永久の権利として信託されたものである」と規定している。

基本的人権は、人類の歴史的経験から独裁国家や専制国家、軍事国家では充分に保障されない。基本的人権が充分に保障される社会は、国民主権の民主主義国家であるので、国民主権原理が出てくる。また戦争は最大の人権侵害であるので基本的人権尊重原理を貫けば、平和主義の原理が出てくる。

日本国憲法の基本的人権尊重原理は、世界人権宣言（一九四八年、国連採択）、国際人権（社会権）規約（A規約）・国際人権（自由権）規約（B規約）（一九六六年、国連採択）、人種差別撤廃条約（一九六五年、国連採択）、拷問等禁止条約（一九八四年、国連採択）、女性差別撤廃条約（一九七九年、国連採択）、子どもの権利条約（一九八九年、国連採択）、障がい者権利条約（二〇〇六年、国連採択）に見られるように国際的なものとなっており、その内容も豊かになってきている。

旧ソ連や中国をはじめとする現存社会主義国においては、基本的人権の保障とりわけ政府を批判する自由の保障が極めて不十分であり、また、立法、司法、行政の三権分立が実質的に確立されているとは言い難い。

社会主義をめざす運動においてよく使われてきた「プロレタリア独裁」概念は、基本的人権の軽視を示す概念ではなかろうか。仮に「プロレタリア独裁」が革命情勢下で反革命との闘いのために一時的に容認されるとしても、旧ソ連や中国をはじめとする現存社会主義国の多くが革命から半世紀以上たっても基本的人権が保障される民主主義国家に移行できていない現実をどうとらえるか、反省と検証が必要ではないだろうか。

立憲主義の理念や基本的人権尊重原理が、旧ソ連や現存社会主義国において育たなかった背景には、これまでの社会主義をめざす運動理論の欠陥や問題点が反映されているのではないだろうか。

デンマークをはじめとする北欧諸国では、貧困と格差を是正するとともに、個人の尊厳と基本的人権を尊重する民主主義社会を実現してきている。この意味でも北欧諸国にもっと学ぶ必要があるのではないだろうか。

〈参考文献〉

・銭本隆行著『デンマーク流「幸せの国」の作り方』明石書店、二〇一二年。
・野村武夫著『「生活大国」デンマークの福祉政策――ウェルビーイングが育つ条件』ミネルヴァ書房、二〇一〇年。

歌人としての一言

大津留公彦

私は、歌人であり、俳人です。毎日短歌八首俳句一句を発表しています。大津留公彦名でblogやTwitterやFacebookをやっています。新日本歌人協会、文化団体連絡会議（文団連）、「私が東京を変える」、「電気代一時不払いプロジェクト」に属しています。

紅林進さんとは「私が東京を変える」でご一緒させて頂いており昨年まで三年間かけて紅林さんをチューターにして『資本論』を読破しました。この本を出版されたロゴスの村岡到さんにも「私が東京を変える」の立ち上げ時にお世話になりました。

今日（『民主制の下での社会主義的変革』出版記念討論会）は新日本歌人協会常任幹事の肩書ですので、短歌の話から始めます。啄木の歌ベスト一〇〇というアンケートを新日本歌人の関西の研究会で最近行いました。ベスト3はなんだか分かりますか？　三位はちょっと意外ですが、これです。

子を負ひて
雪の吹き入る停車場に
われ見送りし妻の眉かな　（一握の砂）

石川啄木は一九〇七年（明治四〇年）二一歳のとき、函館の大火に追われ、札幌の新聞社に一時勤務した後、小樽の小樽日報社に勤務します。九月から一二月まで勤務したのですが、上司との折り合いが悪く、退職し、翌年一月、家族を小樽に置いたまま、釧路の釧路新聞社に単身赴任します。この歌は小樽駅に見送りに来た妻子のことを歌った歌です。因みにこの時に小林多喜二とわずかですが、小樽に同時期に住んでいました。

二位は、

新しき明日《あす》の来《きた》るを信ずといふ
自分の言葉に
嘘はなけれど——　『悲しき玩具』より　明治四三年

嘘ではないと断定しないところに啄木の真実を感じます。最後の——に余韻がありますね。この年の五月に大逆事件が報道されていますので啄木は朝日新聞紙上でこの事件をいち早く知っていたと思います。いわば大逆事件を歌った歌と言ってもいいでしょう。
二六歳で死去する二年前に評論「時代閉塞《へいそく》の現状」を執筆している。大逆事件（天皇暗殺計画をたてたとして多数の社会主義者が処刑された事件）後の圧政の中、格差や就職難を見つめながら、何とか豊かな未来を構想しようと呼びかけた。こんな一節がある。「明日の考察！　これ実に我々が今日において為すべき唯一である、そうしてまたすべてである」。理想は「善」や「美」に対する空想ではないと記し、「今日」を研究して「明日」の必要を発見すべきだとも主張している。

さて一位です。

はたらけど
はたらけど猶わが生活楽にならざり
ぢっと手を見る　　　　石川啄木『一握の砂』

この歌を読む場合、「楽にならざり」で一端息を止めて、一拍置いて「ぢっと手を見る」と発語する格好になる。この深い間に、啄木の複雑な心情が込められている。啄木は、この作品を明治四三年（一九一〇年）七月二六日に詠んだと言われている。前年、東京朝日新聞に校正係として入社。月給による生活を始め、家族を函館から東京へ呼び寄せた。しかし母と妻・節子の折り合いが悪く、家庭の雰囲気は悪かったようだ。

啄木の短歌を紹介したのは、特に一位と二位の歌は生活と社会主義のことを歌っており、貧困問題などでよく引用される歌であり啄木の名は知らなくても歌は知られていると思うからです。

啄木は現代に生きています。我が新日本歌人協会は啄木からの生活派の流れを引いています。ぜひ啄木に興味を持ってください。

さて紅林さんの本の話です。

紅林さんの『民主制の下での社会主義的変革』は氏の初めての著書であり過去雑誌等に掲載されたものと書き下ろしの文章がある。最初に置かれている「社会主義社会をどのように構想し実現するか」という書き下ろしの論文は、現在の社会で社会主義をどう実現するかという構想と道筋が書かれている。勿論マルクスなどの先人の考えをベースにしながら、新たに出てきているビビッドな状況や理論で社会主義を考察している好論考である。そのほかにも多くの論考があるが、私の知らなかったスペインのモンドラゴン協同組合の経験は日本で今後出て来る可能性がある企業形態であり、非常に参考になった。

社会主義における分配論については本の一八頁から社会主義における分配原則が書かれています。共産主義の低次の段階では「能力に応じて働き、労働に応じて受け取る」、高次の段階では「能力に応じて働き、必要に応じて受け取る」という分配原則です。

紅林さんは、日本共産党の二〇〇四年の第二三回党大会でこの「ゴータ綱領批判」にある原則を綱領から削除したことを批判しています（一九頁）。

不破哲三『新・日本共産党綱領を読む』によれば「ゴータ綱領批判」ではこの見方を共産主義社会の法則的な定式として絶対化していません。むしろ注意書きでマルクスはこう書いています。『「社会主義を、主として分配を中心にするものとして」描き出すのは、俗流社会主義がブルジョア経済学者から受け継いだものだ」と。

エンゲルスも未来社会の分配問題について聞かれた時にこの『ゴータ綱領批判』での議論で回答はせず、未来社会の進歩と共に分配の方法が変化すると答えています。

レーニンはこの注意書きに注目せず『国家と革命』を書き二段階論を定式化しました。スターリンとそれ以後のソ連の指導部はこの二段階論を世界における自分たちの特別の地位を際立てる「理論的な」モノサシとして使いました。ソ連だけが第二段階で、それ以外の国は第一段階かその前だからと他にどんな問題があろうと、ソ連の現状を美化するために使いました。ソ連共産党と闘って来た日本共産党としてはその理論立てが国際関係の弊害となって来たので削除したのだと思います。

不破氏はその大会でこう発言しています。

「第一点。生産物の分配方式――まず「労働におうじて」の分配、ついで「必要におうじて」の分配、こういう形で生産物の分配方式のちがいによって未来社会そのものを二つの段階に区別するという考えは、レーニンの解釈であって、マルクスのものではありません。マルクスは、『ゴータ綱領批判』のなかで、未来社会のあり方を分配問題を中心において論じる考え方を、きびしく戒めています。」

第二点はマルクスは未来の青写真主義的なやり方は、いましめたこと。

第三点はマルクスが重視したのは分配問題ではなく、生産様式をどう変革するか「生産手段の社会化」という問題だったということです。

そして第四点はこうです。「マルクス、エンゲルスが、その未来社会論で、社会発展の主要な内容としたのは、人間の自由な生活と人間的な能力の全面的な発展への努力、社会全体の科学的、技術的、文化的、精神的な躍進でありました。」

紅林さんが日本共産党について書いたもう一つは「『ルールある資本主義』や『よりましな資本主義』の主張にとどまるのでなく、資本主義自体の問題性と限界を明らかにし、資本主義に代わる社会主義のビジョンを積極的に提示してゆくべきである」という部分です。日本共産党がまさに今、努力していることだろうと思います。これは紅林さんの激励的提起だと思います。

日本共産党は実は「ルールある経済社会」と呼んでいます。志位和夫さんはこれについて、「なぜ『ルールある資本主義』とよばないのか」という疑問に対して、これは資本主義の枠内で実現すべき目標だが、その改革によって実現された成果の多くが、未来社会にも引き継がれていくという展望を持っているからだと説明しました。

以下中身には触れませんが、私が興味を持ったそれ以外の論考のタイトルは以下である。
・ベーシックインカムと資本主義、社会主義
・〈生活カード制〉の意義と懸念
・マルクス主義の民族理論・民族政策
・民意を忠実に反映する選挙制度を！
・上田哲の小選挙区制意見裁判闘争
紅林さんをチューターとして「私が東京を変える」の三年に及ぶ『資本論』の勉強会が昨年終了した。『資本論』読破への氏の貢献に感謝すると共にこの本が広く読まれ議論が起こることを望みます。

〈参考文献〉

・日本共産党綱領改定提案：http://www.jcp.or.jp/akahata/aik3/2004-01-15/00_03.html
・不破哲三綱領第一二回講義：http://www.jcp.or.jp/kk_kyousitu/data/12_02_koryo.pdf
二〇一二年三月八日
・「綱領教室」志位委員長の第一二回講義：http://www.jcp.or.jp/akahata/aik11/2012-03-08/2012030809_01_0.html

大津留公彦　歌人としての一言

「階級独裁」概念の有効性と民主制の限界について

大西　広

紅林進さんのご著書『民主制の下での社会主義的変革』は、日本の社会主義者の誰もが課題とする社会変革のあり方について、包括的かつ率直な提起をする好著である。この書の概要を報告された今年一月の社会主義理論学会の研究会報告も極めて刺激的なものであり、そのほとんどの提起に私は賛同の意を表明した。ただ、階級独裁概念と民主主義制度については残念ながら意見が異なっている。それは研究会の場でも述べたが、本書でもその見解表明の機会を与えられた。以下、簡単に論じたい。

1　「階級独裁」概念の有効性について

紅林さんはご著書でもご報告でも「プロレタリア独裁」は否定されるべきだと主張されている。そして、そうおっしゃる意図は理解できるものの、ここには「個人独裁」や「政党独裁」とは区別された「階級独裁」という概念が不足しているように思われる。「プロレタリア独裁」とはプロレタリアートという「階級の独裁」であって、個人や特定政党のそれではない。「階級の独裁」は「個人の独裁」や「政治グループの独裁」ではない。

このことを私は研究会の場では、織田が天下人となっても豊臣がなっても徳川がなってもその違いは「武士階級の独裁」との本質に変わりがないとの例によって示した。織豊、徳川の戦いは武士階級内部の闘いであって、誰が勝ってもその本質には変化がなかった。ただ、明治維新は異なる武士階級という支配階級を打倒し、その階級としての存在さえも廃絶したから「階級独裁の廃止」としての革命であった。似た事例でいうと、それまで貴族が支配していた土地（という最重要な生産手段）を武士階級が政治的にも奪取したのが源平期の社会変革であった。これらの意味で特定の個人や家族、政治グループとは決定的に異なる「階級支配」という視点がなければ歴史転換の意味は理解できない。

したがって、「資本家階級の権力」を「労働者階級の権力」に入れ替えるという作業は特定の個人や政党などの支配を意味するものではないとともに、社会主義者たるものの目指すものでないわけにはいかない。その方法は現代先進諸国ではもちろん「民主的方法」であることには間違いがないが、その方法はともかく、求められる権力の性格は「労働者階級の権力」である。「階級の……」であるということを改めて強調しておきたい。

2　民主制の限界について

他方、民主主義的政治制度すなわち民主制の重要性を紅林さんは主張されているが、この考えは基本的にマルクスの主張と合致している。というのは、マルクスは労働者階級の権力の樹立を目指したが、それには多数者意思を通す政治制度としての民主制が有益であったからである。少数者としての資本家階級に対し労働者階級を主とする被抑圧民は多数であるので、ここでは民主制の導入が強く主張されることになる。ただ、こうした理由でもって民主制を支持するものでしかないから、言い換えると多数者の政治参加制度としての民主制をそれ自体として価値あるものと認めたのではない。いわゆる「民主主義者」が政治参画自体に価値を認めるという立場ではなく、目的は自身の経済的「利益」にある。その利益のために「政治」を活用できるのであれば良いという論理である。もちろん、そうして民主制が求められる限りは「民主主義者」との同盟が成立し、よって「民主化運動」をすることとなるが、そもそも民主主義者であったわけではない。これはマルクス主義が本来「民族主義者」でないにも関わらず、帝国主義に反対するために時に「民族主義者」と同盟することがあること、本来「エコロジスト」でないにも関わらず状況的に「エコロジスト」と同盟することがあることと同じである。こうした原理的問題は忘れてはならない。

しかし、そのうえで、紅林さんのこの主張に対してなした私のコメントは、民主制というものが本来持っている問題点を主張するものであった。上記のように民主制とはデモス（多数者）のクラテス（支配）であるからマルクスも利用しようとしたのであるが、そうだとすればまさにその意味で少数者の意思を反映できないシステムであるということになる。そして、この少数者が経済上の支配者であるのであれば（正確にはもはやその支配が打倒されるべき歴史段階に達しているのであれば）その排除のために民主制は支持されても、逆に少数者の利益が守られるべき時にはどうなるかという問題が生じる。たとえば、農民に比べて労働者が人口的に少ない場合やその逆の場合、階級同盟において少数者である知識人や兵士たちの利益も守らねばならない場合の問題である。現代でいえば、ＬＧＢＴや少数民族の権利保障などもこの問題群に属する。私は中国の少数民族問題を永らく研究してきたのでこのような意味で「多数者支配のシステム」としての「民主制」にある原理的な問題点を考えざるを得ない立場にいる。

もちろん、民主制の研究者もこの論点をまったく無視しているわけではなく、採決前の熟議を重視するもの（研究会での紅林さんのリプライもこの論点であった）やボルダールールなど様々な多数決制度の良し悪しを比較検討するものもあるが、これらも最終的には何らかの意味で「多数決」されることを前提としている。その意味で、原理的には上記のような多数決制の問題点を免れるものではない。

3 「ソビエト・システム」は西側民主制を乗り越える

したがって、ここでは「多数決制」というもの自体を乗り越えるシステムが原理的には求められるのであって、私は実のところ、紅林報告とはまったく逆に過去の「ソビエト・システム」こそがその解答になっていると考えている。意外に思われようが、ここでの問題は、ロシア革命で自然発生的に形成された労働者・農民・兵士の評議会たる「ソビエト」はその構成集団―ここでは労働者・農民・兵士―の多寡をまったく問題にしていなかったことを重視したいのである。革命を推進する運動母体として結成されたこの会議体は統一戦線を構成する各種の社会階層の団結を優先したので、どれかの社会階層が一方的に不利益を被るようなことはしなかった。つまり、全員一致が基本の会議体としてあったので少数者の利益は保護されたのである。

それからもうひとつ、この会議体の特徴は選出されてくる母体が「地域」ではなく、「社会階層(階級)」であるところにある。この背景には地域間の利益の相違よりも階級間の利益の相違の方が重要であるとの認識があり、いかにもマルクス主義的である。日本の選挙制度を見ていていつも感じることであるが、各地域ではマイナーであっても全国的にはそこそこまとまった利益を有する集団がないわけでもない。たとえば、学生や知識人、失業者やアイヌ民族などである。彼らは現行の選挙制度では「代表」を選出することはできないが、もし国会議員が社会階層別に選ばれるのであれば（＝日本国国会がソビエト制度に転換されるのであれば）割り当てられた議席数分だけ代表を国会に有することができる。この趣旨からアイヌ民族には一部に国会での「民族代表枠」の設定を求める動きがあることも知っておきたい。

さらにもうひとつ、この制度を強調したい理由のひとつには、ソビエト連邦は崩壊しても、この政治制度は「政治協商会議」という会議体として中国に現存しているということがある。中国の議会制度は地域代表を基本とする人民代表大会制度とともに、各級の「政治協商会議」というものがあって政党、各界諸団体や少数民族、台湾、香港などの代表で構成されているが、成り立ちは「統一戦線」なので上記の「ソビエト」と同じく構成組織間の全員一致原則が採用されている。「中国には野党はない」と言われるのはその趣旨からである。

あるいはもっと言って、地域代表ではないタイプの議会構成原理は実のところ他にもある。シーア派、スンニー派、キリスト教徒などの宗教別に代表を選んだりするケースがそれである。ので、西側タイプの「民主制」は唯一の「民主制」ではない。それを根本的に疑ってみることを紅林さんにお願いしたいと考える。

4　その他の諸論点について

紅林さんのご著書については他にもいくつかの異論もないわけではない。たとえば、企業形態としての労働者協同組合の過大評価やマルクス主義的民族理論とは何かという論点である。後者については、私は中国の少数民族問題の専門家として『中国の少数民族問題と経済格差』（京都大学学術出版会、二〇一二年）に自分の考えをまとめ、前者については「株式会社社会主義論」としての考えを碓井敏正・大西広編『格差社会から成熟社会へ』大月書店、二〇〇七年）第6章として提示した。ご関心の方は参照されたい。

共同体的世界の行方——モンドラゴン協同組合をめぐって

久保　隆

十八世紀から十九世紀にかけてイギリスの産業革命を契機とした資本主義社会というあらたなシステムの勃興は歴史概念のみならず、様々な思考の変換を強いることになったといっていい。マルクスとエンゲルスによるイノセントな思惟の結晶が共産主義社会としたことは、アンチテーゼとしては正鵠を得たものであったとしても、やがて、資本主義というものが、労働―生産―搾取という構造から、労働や搾取が不可視化されて生産―消費という円環的な幻想構造を生起させていったとき、わたし（たち）は、富の蓄積よりも欲望の消費へと向かい、家族や親近なる関係性に依拠することなく、ひたすら空虚な幻想共同体（擬似社会、擬似国家）のなかを彷徨ってきたことになる。

わたしは、そもそも二項対立的な思考をとらないから、共産主義（あるいは社会主義）対資本主義という構図を想起したことがない。だが、著者のように、「搾取や収奪を生み、格差や貧困を生み出し、利己心を刺激し続ける資本主義がよいとは思わないし、それを克服するには社会主義が必要だと考える」(「まえがき」)と述べていくことに対して、疑念を呈するだけの根拠は持っていない。現実に抑圧や格差の瀰漫が厳然としてある以上、では、いかにしてそのような現況を「変革」していくことは可能なのかということを、まったく放棄するつもりはないことだけは、言明しておきたい。

そのうえで、わたしが、『民主制の下での社会主義的変革』のなかで、最も関心を惹かれたスペインのバスク州にあるモンドラゴン協同組合に関する二つの論稿「モンドラゴン協同組合の経験」、「岐路に立つモンドラゴン協同組合企業グループ——ファゴール家電の倒産に直面して」に触れていく前に、幾つかの前提を述べてみたい。

本書の最初の論稿「社会主義社会をどのように構想し実現するか」のなかで、著者は次のように述べている。

「私は国有、国営企業だけでなく、労働者協同組合、労働者自主管理企業が生産の基本単位になるべきだと考える。(略)労働者自主管理企業にせよ、労働者協同組合にせよ、狭い自己利益、自企業利益にとらわれず、消費者や利用者、そして地域住民も参加した、協議、決定の仕組みと、企業横断的な連携・連帯が同時に求められている。/そしてこのような自己決定、協議の仕組みは、労働・生産の現場だけでなく、社会のあらゆる部門、生活のあらゆる場で求められる。学校や教育の場、地域社会や文化活動、余暇活動等々である。当事者参加型の、閉鎖的ではない開かれた共同体の形成である。いわゆる『アソシエーション』型社会の形成といってよい。」

わたしは、企業というものは、国有（営）、私的、労働者管理のいずれでもないかたちはないのだろうかと、考え続けてきたといっていい。そんな究極の理想のようなものがあるはずがないと批判されそうだが、「狭い自己利益、自企業利益にとらわれず、消費者や利用者、そして地域住民も参加した、協議、決定の仕組みと、企業横断的な連携・連帯」をしながら運営する「当事者参加型の、閉鎖的ではない開かれた共同体」をかたちづくることこそ、共産主義でもない、社会主義でもない、もちろん資本主義でもないありうべき様態を描像できるはずだという思いがある。

モンドラゴン協同組合には、著者も指摘しているように様々な問題があるとはいえ、しかし、一つの可能性を指し示してくれるものを潜在させているのは間違いない。そして、モンドラゴン協同組合企業があるバスク州は、もともとスペインからの独立志向が強い。ラディカルな運動体であるバスク祖国と自由（ＥＴＡ）はフランコ独裁政権時の一九五九年に結成され、アイルランド独立運動を苛烈に領導したＩＲＡ（アイルランド共和軍）とともにその存在は、際立っていた。最近、武装闘争から完全撤退するという宣言をしているが、どうだろうか。スペイン内戦時、ドイツ軍によって無差別空爆の被災地・ゲルニカはバスク州にある。このように、バスクにある協同組合体がフランコ独裁体制下にありながら試行錯誤を繰り返しつつ継続されてきたことの意味は大きい。

「二〇〇以上の協同組合等からなるグループで、その内のひとつ、『ファゴール家電』グループは、スペイン最大手の家電メーカーで、EUを中心に製品の半数は輸出もしている、EU内でも有数の企業に発展している。そのほか『エロスキ』という生協や『労働人民金庫』、共済協同組合、大学を含む教育協同組合などの諸協同組合を擁する世界でも最大級の協同組合グループである。それらが労働者協同組合という形で、民主的に運営されているのである。つまり（略）、そこに働く労働者が一人一票で、平等に、民主的に決定に参加し、運営されているのである。しかもこの民主的運営と効率性を両立させながら、半世紀に渡って、拡大、発展してきたのである。（略）労働者協同組合は、最近はワーカーズコレクティブとも呼ばれ、一部では注目されつつあるが、まだ一般化していないし、歴史も浅く、多くは福祉や介護、清掃、食品製造や販売など、小規模で行うものが多い。（略）ところがこのモンドラゴンは、先端技術を含む基幹産業の一角で、民主的運営と効率性を両立させながら、持続的に発展、拡大してきている。」（「モンドラゴン協同組合の経験」）

さらに、著者によれば、「雇用の確保・拡大」を目指し、「合理化」や「効率性」を追求するが、「解雇」や「失業者」を出さないことを「大原則」としているという。しかし、組合内の給与格差（最大六倍に制限）がないわけではないし、正規組合員と非正規組合員の問題がないわけではない。

　そして、二〇一三年一〇月、中心的な組合企業だった「ファゴール家電」が倒産する。「ファゴール家電」は、「国内外に一六ヵ所の工場を有し、内、モンドラゴンなど国内に三ヵ所、国外（フランス、ドイツ、イタリア、ポーランド、中国、モロッコ、アイルランド）に一三の工場があった。製品は七〇〇万台を生産した。また国内外に一七の子会社を有し、そこでも生産し」（「岐路に立つモンドラゴン協同組合企業グループ――ファゴール家電の倒産に直面して」）ていた。これでは、「ファゴール家電」というのは、単なるグローバルな多国籍企業でしかなかったということになる。反グローバリズムであり、身の丈で運営すべきコレクティブな企業体であるにもかかわらず、まったく逆の方向へと邁進していったことの結果だったということになる。

「資本主義的企業との競争に勝ち残るために、その協同組合の原点を忘れて、自らが資本主義企業化したのでは、意味がない。それを防ぎながら、いかに、基幹産業、大工業をも労働者協同組合的に、労働者自主管理的に運営してゆくか、模索してゆくしかない。そこに困難な課題がある。」（「同前」）

　確かに、自給自足的な共同体を運営していくのであれば各企業体の売上高をひたすら追求していく必要はないかもしれないが、少なくとも開かれた共同体として持続可能性を求めていくとすれば、生産性や売上の増大を希求していくのは避けられないとしても、しかし、どこかで線引きをしていかなければ、協同組合ということの内実からは離反していくことになるのは必然的なことだといっていい。

結局、倒産した「ファゴール家電」の「従業員約一九〇〇人のうち、早期退職者を除き、希望者のほぼすべてがグループ内で再就職したという」(「朝日新聞」二〇一八年五月五日付朝刊、以下同)。だが、「協同組合は、従業員である組合員の出資で成り立」っていて、「組合員になるには一万五〇〇〇ユーロ(約二〇〇万円)ほどの出資金が必要で、元手がない人は給料から分割で支払う。出資金は(略)倒産すれば失う」ことになるため、「元組合員が、毎週、倒産前に追加出資したお金の返還を求めて抗議デモ」をしていて、「モンドラゴンを相手取り、出資金の一部の返還を求める集団訴訟を起こ」しているようだ。

組合員の、非正規、正規の問題は、格差という視線だけでは捉えにくいともいえる。二〇〇万円の出資や給料からの分割支払に躊躇する場合が当然あるだろうし、全員を正規にすればいいというわけでないと思う。わたしなら、個々人の意志をまず尊重すべきだと考えたい。

「国家とは何か。家族または家族の集団の共同性の次元を、ある共同性がいささかでも離脱したとき、それを国家と呼ぶ、と私は規定します。(略)これは、あらゆる共同体は、家族または家族の集団の共同性の次元を離脱すれば、じっさいに国家を形成するか否かということとは別問題です。つまり国家が形成される可能性があるということです。われわれはその可能性を含めてそれ

を国家と呼ぶと規定したいと思います。」（吉本隆明「南島論――家族・親族・国家の論理」『展望』一九七〇年一二月号）

わたし（たち）は国家という領域のなかでなければ、生存できないだろうか。もちろん、そんなことはない。マルクスは、二〇代半ばでユダヤ人問題にからめて、国家というものの幻想的共同性を切開している。実体なき国家と実体をともなった家族・親族、そして地縁、親近なる共同性（関係性）による繋がりが、なによりも、生きて在ることの実際であるとすれば、なにが最も切実な関係体であるのかは、自明であると、わたしなら、いいたい。

だから、国家や社会という制度、システムの変革や再構築よりも、共同体的な世界の行方にこそ、僅かな可能性かもしれないが、求めてみたいと、わたしは思っている。

社会主義論のさらなる深化を

小泉雅英

1　格差社会の現実

この数年、資本主義の終焉や限界について説かれた書物がいくつも出版されている。久しく使われていなかった「階級」や「貧困」という言葉をタイトルにした論考も多く見かけるし、これまでなかった「子どもの貧困」や「子ども食堂」という言葉も、報道などを通し日常化している。ほんの少し前まで、「一億総中流化」などという表面的な状況認識の下に、「成熟社会ニッポン」の未来が、楽観的に語られていたが、歴史の舞台が暗転したということだろうか。

こうした資本主義の現在を伝えるものの中で、〈格差〉という状況が語られることが多い。日本だけではなく、世界中でこの〈格差〉が拡がり、その弊害が生じている。多くの人が引用するオックスファムの報告によれば「世界で最も裕福な八人」と世界人口の「下位半数」に当たる「三十六億七千五百万人」の「資産総額がほぼ同じ」であり、その「富める者の資産の三分の一は相続によるもの」という。[1] 別の報告によれば、米国では「競争力の高い上位二〇〇の大学に通う学生の七〇%が所得分布の上位二五%の出身」であるという。[2]

日本においても、格差社会が拡がっている。例えば最近も、小学校での「アルマーニ騒動」が話題となった。東京・銀座の泰明小学校が二〇一八年四月入学の生徒から、イタリアの高級ブランド監修の標準服を導入した一件である。日本で最も公示価格の高い立地にあるとは言え、公立小学校の「制服」が一式八万円を超えるなど、異常と言う他ない。公教育の場で貧富の格差を容認し、経済力のない家庭の子どもを排除するようなことがまかり通っている。

親の年収と教育機会の相関については、これまでにも多くの指摘があるが、最近のデータでも例えば東大生の親の六二%が年収九五〇万円を超えていること、親の年収と学力との関係について、中学三年生の調査で高所得の家庭の子どもほど成績が良い、という結果が報じられている。[3]

その他、労働者の年収格差を見れば、例えば、正規雇用（男性）の個人年収は、二〇〇五年の四〇八万八〇〇〇円から、二〇一五年には四二八万一〇〇〇円へと増えたが、非正規雇用（男性）では、二三七万四〇〇〇円から二一三万円へと減収となっている。これは平均値（二〇歳〜五九歳）であり、この中には年齢による格差もあり得るが、正規か非正規という、雇用形態による格差を知ることはできるだろう。雇用形態によって、一方は四二八万円の年収を得られ、他方は二一三万円と、ほぼ半分でしかない。二〇〇五年から二〇一五年の間に、一七一万四〇〇〇円から二一五万一〇〇〇円へと、その格差は拡大しているのだ。世帯年収を見ても同様である。二〇〇五年の正規社員（男性）の世帯年収は、五七一万七〇〇〇円だが、非正規では四六〇万七〇〇〇円と、一一〇万円の差がある。これが一〇年後、二〇一五年では、同様にそれぞれ六〇九万九〇〇〇円と三八三万八〇〇〇円で、二二六万円以上の開きがあり、格差が拡大していることが分かる。(4)

こうした現実を前に、非正規労働者は「結婚して家族を形成することが難しいなど、従来ある労働者階級とも異質な、ひとつの下層階級を構成しはじめているようで（略）「階級以下」の存在、つまり「アンダークラス」と呼ぶのがふさわしい」と指摘されている。(5)

年収格差のデータなどは、現状分析の一つの指標に過ぎないが、これだけでもこの奥に深くつながる問題の入り口になるだろうし、日本という社会の現実を考えるために有効だろう。重要なのは、こうした様々な問題を、経済的な領域に限らず解決し、少なくとも衣・食・住に苦労せず、誰もが安心できる人生を送れるような社会に変革してゆくことは、果たして可能なのか。もしできるのだとして、それはどのような社会なのか、そのためにはどのようなことが必要なのか、ということである。

本書、紅林進著『民主制の下での社会主義的変革』は、上記の関心から一つの問題提起として読んだ。氏の問題意識を私も共有する点は多いが、現実認識や変革への視座については異なることもあり、今後の議論を通して、学び合うことができればと期待する。

「資本主義の矛盾の中から人類が生み出し、解放の思想としてきたもの、ロシア革命とソ連をはじめ、人類が試行錯誤し、大きな犠牲も払いながら生み出してきた歴史を無視してよいわけがない。失敗を含めてその貴重な経験を未来社会の創造に活かすべきである」（まえがき、一頁）。

こうした基本認識の下に、「搾取や収奪を生み、格差や貧困を生み出し、利己心を刺激し続ける資本主義」（二頁）を克服するものとしての社会主義について、それを「どのように構想し実現するか」を述べた論文〔A〕と、「社会主義的変革の可能性と困難性」について論じた文章〔B〕、具体的な施策としての「ベーシックインカム」についての考察〔C〕、村岡到氏の提唱する「生活カード制」について批判的に論じた文章〔D〕、スペイン（バスク）の協同組合企業グループの実践に触れた論考〔E〕、「マルクス主義と民族理論・民族政策」についての論文〔F〕、これら〔〔A〕〜〔F〕〕を「社会主義への理論的探究」として第Ⅰ部に収めている。これに選挙制度について論じた「民主的選挙制度を求めて」の二本の文章を第Ⅱ部に収め、全体は二部に構成。

本書のタイトルからして、これらの論考の内、〔A〕と〔B〕が総論として中心的・基本的なものであろう。私の関心も、大きくはこの二つの文章にあり、これらについて私見を述べていくが、その前に、他の論文からも多くのことを教えられたことを記しておきたい。とりわけ、「モンドラゴン協同組合の経験」と「ファゴール家電の倒産に直面して」書かれた文章〔E〕は、これまでに全く知らなかったことでもあり、さらにこの経験（実践）から学ぶことが重要だと感じた。また、第Ⅱ部にまとめられた選挙制度についての論考も、改めて多くのことを教えられた。

選挙制度をめぐる上田哲氏の地道な裁判闘争は貴重な記録であり、初めて知ることばかりであった。社会党離党後の上田氏が、国鉄（当時）御茶ノ水駅前で、一人で辻説法していた姿を記憶している。孤軍奮闘の中でも、独特の笑顔を見せていたのが救いだった。改めて氏の反骨精神と、憲法を基軸とした民主主義への意志を思い、継承したいと感じさせられた。

2　社会主義社会の構想について

「社会主義社会をどのように構想し実現するか」と題された巻頭論文〈A〉について、私見を述べる。これを読んで、殆ど触発されることがなかったのは、なぜだろうか。「あるべき未来社会」について、「社会主義の実験が必要と考え」、その「社会主義のメルクマールは、生産手段の私的所有を社会的所有に移し、労働力の商品化を廃絶し、剰余労働、剰余価値の搾取をなくし、労働者が生産現場の主人公になり、そして生産、経済の運営を意識的計画的に行うこと」と述べられているが、これは教科書的なテーゼを確認したものに過ぎないだろう。

その上で、「実現すべき社会主義像については（略）根本的に再検討と新しい社会主義像の構築が求められている」とし、その「新しい社会主義像」について、「生産手段を社会的所有に移し、搾取をなくし、労働者を生産現場の主人公」とし、市場経済に任せるのではなく、社会的合意の下での、意識的計画的運営」に変えること、と言う。「新しい社会主義像の構築が求められている」としながら、ここに示されているのは、「社会的合意の下」という言葉が加えられたくらいで、殆ど旧来の認識を再説しているだけである。一日の仕事で疲れた労働者が、喫茶店に入って、睡魔を抑えて本論文を通読したとしても、現状を打開し、来るべき社会に向けて奮起しよう、という希望を感じ取ることができるだろうか。

「生産手段は、私有制を止め、社会的所有にすべきである」、「消費財については、私的所有制を認められるべきである」、「住宅の平等な使用権、居住権は保障されるべきだが、土地や不動産は、基本的に公有とすべきである」、「国有、国営企業だけでなく、労働者協同組合、労働者自主管理企業が生産の基本単位になるべきだ」等々、何かをこうすべきだという主張がくり返されているが、具体的な議論や論証がなく、結果として単に著者が最善と信じる考え方を述べたものにしかならず、説得力を持たないのではないだろうか。なぜそのように考えるべきなのか、なぜそのような「正しいこと」がこれまで実現されてこなかったのか。かつて「社会主義」を標榜した国々では、どうだったのか、等々、具体的な経験と事例も含め、結論に至る理路を同時に提示すべきではないのか。

しかも、「生産手段を国有化し、計画経済をおこなうだけでは、資本主義的生産様式を廃絶することはできない。（略）生産手段を国有化しただけでは、たんに資本の担い手が私的個人から国家官僚に移行するだけであり、そこで働く労働者が賃労働者であることに変わりない[6]」という歴史的現実に基づく指摘もあり、ことはそう簡単ではないだろう。

いくら「正しいこと」(普遍的な真理)であっても、ただそれを「こうあるべき」と述べるだけであれば、それに共感し、新たな行動へと向かう、リアルな言葉とはならないだろう。厳しい言い方かも知れないが、この巻頭論文を読んで殆ど触発されることがなかった、と書いたのは、このような理由からだと感じる。現状を変革し、「あるべき未来社会」を真面目に考察し、得られた成果を共有すべく書かれた論文だということ、その著者の意志と姿勢は十分に伝わってくる。そのこともあり、あまり否定的なことは書きたくないと思うが、今後の議論のために、あと一点だけ記しておく。

「労働者の解放、労働の解放」と題された節に、次のような文章がある。

「資本主義の下で、労働者は、資本の下に隷従した労働を強いられ、剰余労働を搾取され、資本のために生産の歯車のひとつとして、人間的全体性を無視した労働を強いられてきた」(二二頁)。

これは「賃労働と資本」、「疎外された労働」についての理論的認識であり、抽象的なテーゼである。ここで改めてこの旧来のテーゼが掲げられているのは、マルクスやエンゲルスがこうした「真理」を見出した時代から、百年以上経った現代において、資本主義経済である限り、本質的にはこのテーゼが貫徹しているのだという主張であろう。その主張に同意はするが、時代的・空間的な差異を超えた「真理」として、これが提示されているだけでは説得力は弱いし、自らの労働の現実と結合し、リアルな思考を促す力を生成することは難しいのではないか。現代日本（あるいは世界）の様々に在りうる労働の実態を、すべてこのテーゼにまとめることが可能なのだろうか。そのような疑問を感じる故に、この行文に続き「そのような苦痛をともなう労働、資本主義的賃労働からの解放が、必要である」（傍点、引用者）と断言されても、「それはそうなのだが」と思うのみで、それが容易ではないからこそ、これまでの失敗の歴史と現在があるのではないか、と言いたくなってしまう。「資本主義的賃労働」の実態についても、そこから解放された状態についても、さらに深い考察が必要ではないか。

　さらに言えば、労働は資本主義的賃労働だけではなく、「シャドウワーク」を含む、様々な労働および非労働との相互関係においても分析・考察されなければならないだろう。「人々の暮らしの中には多様な仕事」があり、「「営み」と言ったほうがよいかもしれない。その中には、お金を受け取るものもあれば、受け取らないものもある。社会の生産性が上がるということは、日々の営みのうち「好きではないが、お金のためにやっていた仕事」の割合が下がることなのかもしれない(7)」とも言える。労働の多様な在り方とその意味についても、さらに考察が必要ではないだろうか。

3　ベーシックインカムについて

「ベーシックインカムと資本主義、社会主義」と題された文章〔C〕についても、私見を記しておきたい。最近、いろんなところで「ベーシックインカム」（以下、ＢＩと略記）についての論議を目にするようになり、私も関心を持つようになった。紅林氏の本論考からも学ぶことが多かった。

氏の主張をまとめれば、次のようになるだろうか。「ＢＩはあくまで分配論であり、生産の在り方、生産手段の所有問題を問題としない」、したがって「ＢＩのみでは資本主義的生産関係とそれに基づく搾取と収奪、格差と相対的貧困はなくならない」。しかし「真に生存権を保障するに足りるだけの完全ＢＩの実施は、資本主義の存在そのものを脅かすことになり、資本主義にとって絶対受入れがたい」、それ故、「資本主義を批判し、追いつめるものとしてのＢＩ要求運動は、運動論的には意味はある」。結局、「完全ＢＩは、資本主義の下ではその実現は困難であるが、社会主義社会の下でこそ、その実現が可能になる」と結論する。ただし、「社会主義・共産主義においては（略）ＢＩにとどまることなく、「必要に応じた分配」「実質的な平等」にまで進むべき」であり、その基礎にＢＩがあるとの認識が示されている（六七頁）。

私自身も紅林と同じく、完全ＢＩを資本主義社会で実現するのは困難、あるいは不可能に近いと思っている。ただし、「社会主義の下でこそ、その実現が可能となる」とも思えない。なぜなら、完全ＢＩの実施には大きな資金と、その財源を確保するための経済成長が必須だからである。社会主義社会が、そのような経済成長を実現し、持続できるという保障はどこにあるのだろうか。

　また、「資本主義を批判し、追いつめるものとしてもＢＩ要求運動は運動論的に意味はある」というようにも思わない。「完全ＢＩ」か、ゼロか、というのではなく、また、ＢＩ実現を「馬の頭に人参」とするのでもなく、実質的にＢＩ的な考え方を取り入れ、少しでも実現してゆくべきだろうと考える。具体的には、生活保護制度の抜本的改革と拡充である。

　生活保護制度については、多くの人が指摘するように、機能不全と言うべき状況がある。生活に困窮し、最後の「頼みの綱」と、役所を訪ね、申請窓口に行っても、あれこれ理由を付けられ、申請すら出来ぬまま追い返される事例や、保護受給中の者に、様々の理由をかこつけて受給を辞退するように誘導・威迫する事例が続いている。前者を「水際作戦」、後者を「硫黄島作戦」と呼び、窓口職員に奨励している自治体もあるなど、本末転倒も甚だしく、にわかに信じられない程である[8]。そうした「作戦」の結果、自死や餓死に追い込まれた人々も少なくない[9]。

　役所（福祉事務所）の窓口担当職員が、このような「作戦」の遂行者となる背景には、自治体の財政負担増という問題があるからだが[10]、制度をどう運用するかは、結局は担当者の意識や人間性に依拠しているのではないか。制度の中で自ら安住するために、このような倒錯を犯し、反倫理的な違憲行為を、業務として遂行していることは、強く弾劾されて然るべきだろう。

ここで私の経験を参考までに記しておきたい。私の家族は、母が数種の現場労働を転々としながら四人の子どもを育ててくれたが、生活保護の支援なしに成り立たなかっただろう。兄と姉は、中学卒業と同時に就職したが、当時（一九五〇年代後半〜六〇年代前半）は、中卒で就職する者は珍しくなかった。とは言え、ある程度余裕のある家庭の子どもは、その多くが高校、大学へと進学している。私の兄や姉が進学できなかったのは、経済力がなかったからではあるが、生活保護制度が障壁となったからでもある。特に兄の場合、人一倍勉強が好きで、中学校の教師が、何とか進学させてやってほしいと、我が家（と言っても間借りだが）に来られ、熱心に応援してくれたが、結局、実現しなかった。高校に進学すれば生活保護を打ち切ると、役所からの通告があったからである。一五歳直前に希望を断ち切られたことが、「社会の仕打ち」として、その後の兄の人生に深い傷となり、半世紀以上を過ぎた今なお、何かの苦境時に浮上して来るようだ。行政職員の生真面目で日常的な仕事が、一人の人間に、生涯にわたる深刻な影響をもたらすこともあるという事例である。

幸い私は高校に進学できたが、そのために家族は生活保護を辞退した。すでに兄と姉が働き、なんとか生活できるようになったということでもあるが、一日も早く生活保護から脱しなければという気持ちが、強くなっていたからでもある。負い目意識を持たされていた、ということだ。

前記の通り、現行の生活保護制度とその運用には大きな問題があり、「セーフティネット」では最早なく、まさに「穴の開いたネット」[11]に過ぎず、機能不全に陥っていることは確かである。しかし、だから「完全ＢＩ」なのだ、という論理には同意できない。なぜなら、全く新しい制度、しかもその実現性が限りなく困難な「完全ＢＩ」を求めて時間を費やすより、今ここにある制度を、本来のものにしてゆくことのほうが先決だし、はるかに現実的だと考えるからだ。

そもそも生活保護制度は、「日本国憲法第二五条に規定する理念に基き、国が生活に困窮するすべての国民に対し、その困窮の程度に応じ、必要な保護を行い、その最低限度の生活を保障するとともに、その自立を助長すること」（生活保護法第一条）を目的として設けられたものである。また憲法二五条は「すべて国民は、健康で文化的な最低限度の生活を営む権利を有する」ことと、「国は、すべての生活部面について、社会福祉、社会保障及び公衆衛生上の向上及び増進に努めなければならない」こと、つまり国家の義務を規定している。さらに、憲法第一三条では、「すべて国民は、個人として尊重される」こと、及び「幸福追求権」が保障されているのだ。

このような明確な憲法に基づく制度を、それが十全に機能していないからと言って、放り出して良いのだろうか。その改革ではなく、全く新しい制度の創設に力を向けようと言うのには、やはり同意できないだろう。新しい制度（「完全ＢＩ」）が、どれほどすばらしいものだとしても、その実現は限りなく遠く、それまで待つことはできない。生活の危機が今ここにあり、明日の一万円より今日の千円が必要なのだ、という人々は少なくないのだから。そういう人々にとって、今日を生き延びることこそが、直面する最大の課題なのだ。目前の具体的課題を解決することを通して、ＢＩの考え方に近づいて行くというのが、私には納得できる方法である。

むすび

著者の考える社会主義への変革とは、「主要には、生産手段の所有を中心とする経済の仕組み、構造を変える」ということであり（四三頁）、「資本主義は人間の利己的側面のみに焦点を当て、それを助長し、その利己心を動力とする社会であるが（略）人間の利己的側面を抑えて（単なる抑圧は誤り）、利他的側面、連帯する側面を伸ばし、単なる精神論ではなく、利他心を発揮できるような社会の仕組み、システムを作ってゆくべき」（三二頁）と述べている。これは社会主義の原理を「愛と平等」とする、村岡到氏の考え方にも通じるものだろう。[12]

その社会主義的変革の実現については、「暴力革命によって、一挙に変えるのではなく、労働者、人民、有権者の支持と同意を獲得しつつ、進めるものである以上、漸進的」（四〇頁）であり、「諸政策や諸立法の積み上げによって初めて実現され得る、長期の変革過程とならざるを得ない」（同前）としている。そうした認識を前提に、「社会主義政党の役割」や「税制や財政・金融政策」を通しての「大企業・大資本の民主的統制」、「非営利・協同セクターの形成・拡大」などを提起している。これには同意する他ないが、その「長期の変革過程」の内容こそが重要であろう。ここに書かれている範囲では、しかし「大資本、基幹産業自体を社会主義的に変革しない限り、資本主義の経済体制は根本的に変わらない。（略）真に労働者・人民のための、社会主義的な国有化を求める運動は必要である」（四三頁）としながら、「実際には社会主義派が議会で多数派とならない限りその完全実施は不可能なので、それまでは、民主的規制や変革を積み重ねてゆくしかない」（四四頁）というのでは、その実現は、結局、選挙運動へと回収されていくのだろうかと思ってしまうが、どうだろう。これで本当に現状が変革されるだろうか。何が必要なのか。現在も展開されている様々な運動の実態や、これまでもあった運動（例えば日本にも「新左翼運動」があった）についても、摂取すべき経験はあるのではないだろうか。

日本国内だけではなく世界中に、様々な困難な現実が、今なお続いている。第二次世界大戦という、文字通り巨大な破滅と極限的な悲惨から七〇年経った現在も、決して平和が普遍化されている訳ではなく、新しい破滅と悲惨な状況を生み出し続けているのが現実である。こんな状況を突破するためには、現在の資本主義（帝国主義）経済・政治システムの変革なしにはあり得ない。その一つの方途が、紅林の言う社会主義である。しかし、それは単に経済システムの問題ではなく、政治、文化など多面的なシステム（制度）の問題であろう。それらの変革は、単に選挙で議席を増やすということだけではなく、多面的な運動（闘い）が求められるのではないか。そうした運動を作り出すために、原則となる社会主義の原理的な議論を深めるために、本書は役立つだろうと思う。

世界のどこに居ても、暴力もなく、飢えもない、平和な時間と、生きる場所こそが人間に必須の条件であること、そういう状況を普遍的に作り出し、維持することこそが最大の課題であり、それを社会主義と言うかどうかなど、問題ではないのだと思う。

最後に、衣・食・住の大切さ、その内の「住むこと」の重要性について、ホームレスの支援を続ける笹沼弘志の言葉を引用して、小論を終わりたい。

「人間が人間としてこの世界に存在するということは、この世界の内に、他者と共に住む居場所、他者と出会う空間をもつことを、容赦されるということである。つまり、人間の存在の条件とは、住む居場所をもつということと、他者との出会いを許されるということである[13]」。

〈注〉

(1) 国際NGOオックスファムの報告書、世界経済フォーラムの年次総会（ダボス会議）に提出。「東京新聞」二〇一七年一月一六日夕。

(2) デイビッド・ブルックス「コラムニストの眼」NYタイムズ七月一一日付の抄訳。「朝日新聞」二〇一七年七月二二日。

(3) 「週刊東洋経済」二〇一八年四月一四日号、二〇頁。

(4) 橋本健二『新・日本の階級社会』講談社現代新書、二〇一八年、七五頁。
(5) 橋本前掲書、七七頁。
(6) 佐々木隆治『カール・マルクス――「資本主義」と闘った社会思想家』ちくま新書、二〇一六年、一九八頁。
(7) 御手洗瑞子「経済観測」毎日新聞二〇一八年五月一八日。
(8) 本田良一『ルポ　生活保護―貧困をなくす新たな取り組み』中公新書、二〇一〇年、九〇～九四頁。
(9) 藤藪貴治・尾藤廣喜『生活保護「ヤミの北九州方式」を糺す』あけび書房、二〇〇七年。
(10) 本田前掲書、一三六頁。
(11) 本田前掲書、九〇頁。
(12) 村岡到『社会主義はなぜ大切か―マルクスを超える展望』社会評論社、二〇〇五年、一九八～一九九頁。
(13) 笹沼弘志『ホームレスと自立／排除――路上に〈幸福を夢見る権利〉はあるか』大月書店、二〇〇八年、二九〇頁。

資本主義の断末魔から社会をどう再生させるのか

斉藤日出治

資本主義は終わろうとしている。評者の目にとまっただけでも、昨年、資本主義の終焉を予示するタイトルをつけた経済学研究が数冊刊行されている。

・D・ハーヴェイ『資本主義の終焉』作品社、作品社、二〇一七年（原書発行年は二〇一四年）
・若森章孝・植村邦彦『壊れゆく資本主義をどう生きるか』唯学書房、二〇一七年
・伊藤誠『資本主義の限界とオルタナティブ』岩波書店、二〇一七年
・シュトレーク・ヴォルフガング『資本主義はどう終わるのか』河出書房新社、二〇一七年
・G・ドスタレール・B・マリス『資本主義と死の欲動』藤原書店、二〇一七年（二〇〇九年）

第二次大戦後、資本主義の危機が語られることはあっても、資本主義が終わる、あるいは壊れる、ということがこれほど語られたことはなかった。

では、なぜ資本主義は終わるのか。経済成長の活力が見通せないとか、経済格差や貧困が深刻

化したというも大きな理由であろう。だがそれ以上に、資本主義はいまや社会の存在を不可能にしつつある。現代の資本主義は、ずっと以前に「社会など存在しない、存在するのは個人と家族だけだ」と宣言したマーガレット・サッチャーの言うとおりの状況をもたらした。資本の運動があらゆる社会諸関係を解体して、ひとびとを分断し孤立化させて、市場の回路へとひとびとを流し込んできた結果、社会そのものがすっかり消え去ってしまったのだ。

二月に米国のフロリダ州で起きた銃乱射事件は、米国のコミュニティが崩壊し、個人が武器で自衛しないとみずからの命も守れない米国社会の状態をさらけだした。だから、トランプ大統領は銃の所有を規制することよりも、「学校の教師も武装すべきだ」と訴え、すべての国民に銃で自衛せよと呼びかける。そのような資本主義に社会などもはや存在しない。そのようにして社会を食い尽くした資本主義は、自滅の道を辿るほかないのだ。

この国でも米国と事態は変わらない。若者が長時間労働や過労死を強いられ、まっとうな生活ができないほどの低賃金にあえぐ。しかも労働組合がそのような労働者の窮状を救うのではなく、放置する。単身の高齢者が地域から閉ざされた空間のなかでひっそりと死んでいく。ひきこもって他者との関係を断ち切る若者・中年が増えている。震災や原発災害で故郷を追われたひとびとが避難生活を強いられ、元の生活に戻れないままに支援が打ち切られる。しかもその原発が再稼働され、放射性廃棄物の処理や放射能汚染の不安を将来に先送りして、将来世代の暮らしまでも破壊しつつある。

社会が消え去るということは、資本が運動する土壌が消えてなくなるということを意味する。資本はみずからの土壌を掘り崩して私益を追い求めることによって自死の道を歩んでいるかのようである。

国家はひとびとのつながりを断ち切る暴力を発動するこの資本の運動を規制するのではなく、その逆にその運動を推進する水先案内人の役割を買ってでる。労働者派遣法から裁量労働制にいたるまでの法改正、原発再稼働を容認する司法判断、しかり。

民主主義もやはり同じ道を辿っている。そもそも民主主義は、資本と国家による社会の破壊的暴力から社会を防衛するという役割を担って登場した。ところが、その民主制もやはり、いまや資本と国家による社会解体を推進する手続きへと変質している。新自由主義のもとで制定される法やうちだされる政策は、巨大企業の利益追求活動を推進するための行政手続きと化している。政府と巨大企業が、資本の私的利益の追求に最大限の便宜を図るための手続きが民主主義なのである。それをひとは「新しいコーポラティズム」と呼ぶ。そのうえ、民主主義は、社会を破壊されたひとびとがその不安や恐怖感を他国や他民族に対する憎悪へと振り向けるポピュリズムの社会感情を増幅させるための回路となっている。核戦争の脅威、領土紛争をあおり立て、ひとびとが国家総動員体制に向けてかりたてられていく回路を民主主義は提供している。

この資本主義の断末魔に直面して、わたしたちはまずみずからが市場に依存する暮らしから脱して、市場の外で多様なつながりを築き、社会を再創造する営みをする努力が求められている。事実、そのような多様なこころみが、グローバル資本が支配する世界の各地で、さまざまなかたちで取り組まれてきた。遠く離れた生産者と消費者が市場よりもたがいの暮らしを最優先するようにしてつながる公正貿易＝フェアトレード、富者が自分の資産を増やすためではなく貧者が自ら共同で事業を興すために資金を供与するマイクロファイナンス、地域での暮らしに必要なサービスをたがいに交換するための仲立ちをなす地域通貨の発行、労働者がみずからたがいに協力して事業を企てる労働者協同組合、といったものへの取り組みがそれである。

紅林氏が「社会主義的変革」として本書で提唱しようとこころみるもの、それはこの自壊する資本主義の混沌状況のなかで資本主義が打ち壊した社会の無数の創造の芽を紡いで開かれた社会像を織り上げようとする営為にほかならない。だから、民主制と社会主義という一見すると古色蒼然たるかにみえる言葉を冠した本書は、なによりもまず資本主義が自壊しつつあるこの現実のなかで社会を再生させる提言として読まれることによって、その現在的意義が浮き彫りになる。著者は〈社会主義〉を、二〇世紀に現存した党＝国家主導の集権型計画経済社会としてではなく、グローバル資本主義が死滅させつつある無数の社会再生のこころみを集約する表現として再提起しようとする。かつての二〇世紀型社会主義は、グローバル資本主義に負けず劣らずひとびとの自発的なつながりを抑圧し排除するシステムであり、社会を破壊するシステムであった。

著者にとって、社会主義を組織するのは、共産主義政党でも、国家計画委員会（ゴスプラン）でもない。フェアトレード、地域通貨、マイクロクレジット、非営利協同セクターなどのおびただしい相互扶助と連帯の諸組織の自発的な活動である。ただし、これらの活動はグローバル資本主義のうねりのなかで個々ばらばらに機能することによって事実上資本主義システムの機能的な補完物とされてきた。著者は、これらの運動を私益と利潤を原理とする資本主義のオルタナティブな社会を構築するための回路へと誘導することによって、脱資本主義社会への新プロジェクトを描出しようとこころみる。

著者は労働者協同組合の代表的事例として、スペインのモンドラゴンの労働者協同組合を取り上げる。それは著者がこの企業組織のうちに資本主義にとって代わる新しい社会形成の理念を読み取るからにほかならない。それは、資本主義のように労働者を商品として使用し管理するのではなく、労働者自身が企業を担う組合員であり、労働者自身を主人とする組織である。そこでは労働者の自主性が尊重され、労働の人間化が推進される。さらに労働人民金庫という、労働者が主人となる組織を運営するために必要な資金調達の組織が整備される。さらに、労働者を組合員として育てるための学校教育を担う教育協同組合、技術開発や製品開発を担う研究所が整備される。モンドラゴンの協同組合は、世界各地の協同組合運動と同じように、グローバルな市場競争の波にさらされている。著者はモンドラゴン・グループの代表的企業・ファゴール家電が倒産した経緯にも触れながら、協同組合運動が資本の破局的暴力に抗して生き抜くことの困難性を指摘するが、同時に協同組合がはらむ資本主義とは正反対の社会を創造するそのベクトルに注目する。資本が社会を破局へと追いやる動きに抗してひとびとがたがいに連帯し助け合いながらつながるこれらの無数の運動を、資本主義のたんなる補完物から、資本主義にとって代わる新しい社会像のうえに定位し直す、そしてそのような社会像が〈社会主義〉として新たに命名されるのである。

著者は、現代世界においてすでに抑圧の道具と化した民主制という制度についても、新しい理念のもとに再定位しようとする。民主主義の神髄は、代表者を選出する制度、あるいは投票といった手続きにあるのではなく、ひとびとの暮らしを自律して組織するための制度であり、ひとびとの生存権および生活権を支える制度とならなければならない。

だから、著者は資本と国家による社会の破壊に抗して民衆がみずからの暮らしを自力で再創造する運動の文脈のなかに民主制を置き直す。それはひとびとがみずからの生存権、生活権を他者に委ねるのではなくたがいに連帯して自律して生きるための制度である。その意味で、民主主義は他者を利用し収奪する資本主義システムとは相容れない。

著者はこの視点から、ベーシックインカム（ＢＩ）制度を検討している。ベーシックインカムは、労働と切り離してすべての個人に生活するに足りる所得を保障する制度である。著者は、この制度が新自由主義者によって資本主義システムのもとで導入の提案がなされていることにも着目し、BＩが生産手段の私的所有を前提として分配を論じていることへの限界を指摘する。しかし同時に、労働とは切り離してすべての社会成員に生存権にもとづく所得を保障するべきだと主張する。資本主義のもとでBＩ論が提唱されるのは、資本主義における現行の賃金がもはや労働者の生存を不可能にするような水準まで切り下げられていることの証左でもある。

所得を労働から切離し、生存権に基づかせるというのは資本主義システムから脱却した社会を創造する重要な契機となる。今日の資本主義が社会を破壊しているのは、この社会が生存権よりも、私的所有権、市場競争の自由と平等の権利を最優先しているためである。ひとびとはこの後者の権利概念にもとづいて能力主義的競争に邁進する。その結果、所得の不平等や貧困は、能力の不平等がもたらした帰結であり、自己責任とみなされる。

民主制度を私的所有権ではなく生存権を基盤とする制度として再定位することによってこそ、ひとびととの暮らしの共同的自律の回路として民主主義を復位させることができる。

本書を二一世紀の民主制と社会主義へと向かう議論の第一歩として位置付けその議論を深化させていくことによって、自壊する資本主義に抗して新しい社会を創造するわたしたちの活路が開かれるのではないか。

社会主義とは何だったのか、に応える貴重な一冊

櫻井善行

1 私の問題意識

私は人びとが本当に人間らしく生きていくためには、資本主義ではなく社会主義社会の実現が必要であると今も考えている。若き日に社会主義の魅力に惹かれ現在まで、そのために教員の労働組合の領域で学習と実践をこれまでしてきたし、これからも続けるつもりである。ところが近年、日本では社会主義や左翼は全く人気がない。それと関わってきた労働運動も不人気である。特に気になるのは、若者や女性に人気がない。人気がないというよりも、むしろ非難・攻撃対象である。実際にネット社会では、いわゆる「ネット右翼」による、左翼やリベラルへの口汚い言辞が飛び交っている。その多くは、無知と無理解と誤解により、それに悪意が結びついたものだが、看過すべきではないと私は考える。

社会主義への無理解の多くは、これまでの社会主義運動の負の遺産の結果である。昨年はロシ

ア革命一〇〇年であった。これまで社会主義に憧憬を抱き運動に関わってきた人からすれば、ロシア革命の意義は誰もが認めるところであった。ところが昨年、この偉大な歴史的事象に触れる論壇はほとんど見られなかった。実際に二月革命の時期にはスルーした日本共産党の「赤旗」は一〇月革命でやっとその出来事を取り扱った程度である。集会の場所でも、かつては若者たちによる労働歌やロシア民謡が歌われたが、それも遠い過去のエピソードとなった。今なお「歌声喫茶」は存在するが、その多くは高齢者の過去の時代へのノスタルジアに浸ったものである。

人びとの左翼への批判・憎悪は、メディアに煽られた影響もあろうが、戦後の労働運動や学生運動、反戦平和運動が高揚から後退、そして挫折していく過程で醸成されてきたものである。左翼陣営、特に新左翼での一九七〇年代の血を血で争う内ゲバは、左翼運動から大衆を離反させるに十分な効果があった。左翼運動が「反社会的」勢力のレッテルを貼られ、攻撃されるようになっても、それをかばう人はめっきり少なくなった。一方、支配層は日本での左翼勢力一掃のために、まずは一九六〇年代後半には民間大企業で左翼勢力を、続いて一九七〇年代以降は戦闘的能力を保持していた公務現場では時間をかけて変質を図り、団塊の世代が退職する頃にはほぼ集団的労使関係が日本では機能しなくなった。大学でも一九七〇年代までは新旧左翼の拠点であったが、今や自治会も機能せず、体育会系の立て看板が目につき、長い年月をかけて学生運動を放逐することに成功した。そもそも大学ではかつては経済学部では、必ずマルクス経済学を近代経済学とともに履修しなければならなかった。しかし今やマルクス経済学を履修できる大学は希有の存在となった。大学が真理探究の場であったのは過去の時代のことである。「産軍学共同」は当たり前のこととなった。その上学生も労働者も、危ないものには近づかないという「浅知恵」を身につけるようになった。

いつの時代にも若者の中には鋭い感性で物事を批判的精神で見ることができる者がいたのは事実である。しかし今やそうした若者の存在は限られている。多くの若者はよくて「無関心」、積極的な行動をする若者は右派排外主義になびいているのが現状である。彼らが新規学卒で企業社会に移行すれば、どうなるかは推して知るべしだろう。安倍政治がこれだけ悪事を繰り広げても、彼らの強固な支持基盤を若者が支えているという。三〇代以下の若者には、アベノミクスが就職難を救ってくれたという錯覚が働いているのであろう。

そうした若者から支持されない左派や社会主義運動の担い手にはあるものが欠けていた。異なった立場や意見へのリスペクトが欠如していた。左翼陣営の中にも、支配層と同様に「事大主義」や「権威主義」が跋扈している。冷戦時代だけでなく現在でも「本流」意識の根強さは伝統的である。他人や他のグループの話を聞かないという致命的欠点を保持したままである。

その克服なくして社会主義論も社会主義運動も反体制運動もその再生はないというのが、私の持論である。長ながと私の問題意識を述べたが、そうした問題意識に妙にフィットするのが紅林進氏の『民主制の下での社会主義的変革』であった。

私の場合、本書を精読しているわけではない。本章をつまみ食い程度で感想文を記すのは失礼だとは思うが、重要なメッセージが含まれていると思う。

2　従来の左翼運動はなぜ広がらなかったのか

本書は、二部構成からなり、第Ⅰ部は表題のごとく、社会主義への理論的探究、すなわち社会主義社会をどのように構想し実現するかということを、「社会主義的変革の可能性と困難性」「ベーシックインカムと資本主義、社会主義」「『生活カード制』の意義と懸念」「モンドラゴン協同組合の経験」「マルクス主義と民族理論・民族政策」という各論文で向き合っている。第Ⅱ部は現代日本の政治の劣化をもたらした選挙制度への対案である。この中には、かつて日本社会党の論客であった上田哲氏の「小選挙区制違憲裁判闘争」についても触れている。

私のこの小文は、本書への本格的な論評ではなく、同じ時代に資本と国家権力と向きあった筆者への共有部分があるかどうかの検証を、第Ⅰ部を中心に私なりの感想を記したものである。

これまでの社会主義運動はその正と負の遺産を正確に捉え、これからに活かして行く必要があろう。それは当事者からすれば都合のよい事実だけはとりあげ、都合の悪い事実にはふたをするという悪弊がつきものであったからである。また一九世紀の社会と二一世紀の社会では自ずと異なるように、社会主義の在り方もまた異なるであろう。前述したロシア革命など、もはや色あせたものになろうとしている。しかしここから論理が飛躍して、ロシア革命を素通りする論議も出てくる。過去の持論へのこだわりが、都合が悪くなると隠して、いつのまにか違う主張にこっそりと変わってしまうこともある。かつては組織論の軸であった「民主集中制」などは、消えたわけではないが、隅っこにおかれたままである。当事者からは、現在ではこれを土俵の上に上げるのはさすがに不都合だという判断であろう。

改良主義や社会民主主義への批判もほんの少し前までよく聞かされた。従来の主要な主張に対して、異なる意見を言うと、「修正主義」とか「転落」「変節」などの言葉はよく飛び交った。こうした言葉がどれだけ理論や運動への真摯な反省を妨げてきただろうか。自由な論議の必要性をまず感じた。

本書で著者は、現代社会の抱えている問題の解決に、「ルールある資本主義」ではなく「社会主義」を対置する。この主張には私も同感である。しかしこの「社会主義」に向けてのアプローチには様ざまな施策が必要とされる。それこそ、過去の資本主義なら、階級としての労働者が団結して立ち上がり、ゼネスト・武装蜂起によって労働者階級の権力を奪取して生産手段の社会化を勝ち取り、社会主義建設をめざすテーゼも説得力があったかもしれない。しかし今やこうした手法の実現を当然視する声は一部を除きほとんど聞こえない。それは二一世紀の現代社会は、不十分で弱点があるとはいえ、「人権尊重」が当たり前の理念とされ、議会制度も「イチジクの葉っぱ」と断定はできない。積極的活用の道が開かれてきたことである。

本書では、社会主義に向かうための諸システムの活用が目につくが「ベーシックインカム」についてもそうである。「ベーシックインカム」は外来語である。日本語では、村岡到氏は「生存権所得」と早くから提起していた。この制度はまだ世界でも本格的に導入された事例はない。何よりも左翼の中でも必ずしも高い評価を受けているわけではない。むしろ堀江貴文氏や橋下徹氏のように新自由主義サイドからの導入の声もある。私はこの制度を十分に熟知している訳ではない。しかも生活保護批判と同じように、労働の義務が欠落しているから怠け者を増やすだけだという批判も根強い。しかし現代社会が、これだけ貧困層が増大し、格差が拡大している中で、貧困層の底上げのために部分的な「生存権所得」の保障は有効であると私は考えてる。民主党政権時代の、「高校授業料無償化」や「子ども手当」の導入はそうした積極的側面があったと考えている。「ベーシックインカム」自身は直接社会主義ではないが、社会主義に接近するオルタナティブとして、その意義を、私は認める。

同じ理由として、「協同組合」もその積極的に意義を認めたい。生活協同組合は、一九世紀前半イギリスのロッチデール以来大きく普及し、社会主義に関係なく資本主義社会でも一般的な運営形態として定着した。とりわけ消費者生活協同組合は資本主義社会でも大商業資本と対抗する勢力として存在感を示し、逆に違った意味からの問題点が指摘されるようになったほどである。著者は、生産者・労働者協同組合としてのモンドラゴンの事例を挙げ、その意義を強調している。資本主義的な株式会社とは違った、民主的な企業形態が基幹産業や先端産業でも可能であることを明らかにした。ただ著者はその肯定面の強調にとどまらない。資本主義下においても、民主主義的運営のための労働者の関与を強く主張し、社会主義へのプロセスとして位置づけている。

私は今なお、「労働者に祖国はない」というテーゼと労働者の国境を越えた連帯に期待している。にもかかわらず、「社会主義国」同士で、中ソ紛争、中越紛争、ユーゴスラビア内戦という民族間の軋轢・対立を見てきた。ロシアや中国での少数民族の問題も深刻である。第二次世界大戦後、「民族自決」が国際的スタンダードとして認知され、形式的には世界のほとんどの国が政治的に独立を実現したにもかかわらず、今なお民族紛争が多発するのはどうしてかという思いがある。「民族問題は過去のもの」であると主張した人たちがいた。だが民族の問題（人種問題もだが）は現代社会ではけっして解決していない。私はマルクスやレーニンなどの社会主義思想に民族問題の解決の糸口を見いだそうとしていた時期があったが、紅林氏の著書を読んで、これは幻想だと思った。まさに氏が言うように「旧来の発想にとらわれず、新しい現実と向き合う中で、民族対立を解消する方向」でその糸口を見いだす必要性があるだろう。そのうえでマルクス、エンゲルスの「歴史なき民族論」の視点は重要だと考える。

翻って、社会主義が不人気なのは、不公平を是正して平等な社会をめざすはずの社会主義思想への信頼欠如である。特権層であるテクノクラート官僚が跋扈した旧ソ連邦の存在などは典型的な事例である。現代日本でも階層分化が進行し、少なからぬ上層労働者やインテリ層が労働運動や市民運動のリーダーとなっている。運動の担い手が、弱い人の立場になりきっているかが、問題である。充分に検証すべきことであるが、「飢えたるもの」が立ち上がらないのは、運動の側に重要な欠陥を　内包しているからでは、と思うことがある。

その上で、私は最後に「社会主義と労働運動」の可能性について触れてみたい。労働問題と労働運動は、資本主義の勃興とともに起き、発展してきた。社会主義（様々な流派があったが）と労働運動は切っても切れない関係となってきた。だが、今や現存社会主義国が崩壊し、先進国を中心とした労働組合運動もかつての勢いはなくなり、青色吐息である。社会主義像の再構築は、労働運動の再興と不可欠であると考える。それには過去の遺産の正の部分だけではなく、負の部分にも目を向けていかなければならない。その視点の欠落こそ、社会主義像の混迷であり、労働運動の後退をもたらしている原因である。

私は、本書を読み、必ずしも氏の主張のすべてを理解し、賛同しているわけではないが、貴重な提起であると考えている。今なお、過去の理想を堅持して、運動を担おうとしている人にとって、立ち止まって読んでいただきたい書物である。

運動の中から生まれた社会主義論

佐藤和之

社会主義論ないし未来社会論をめぐって、社会運動圏やアカデミズムの世界で経験交流や議論がなされるべきと考える評者にとっては、本書出版には大きな意義があると考える。以下、本書全体の問題提起からすれば部分的なものになるが、評者の問題関心に合わせ、ベーシックインカム論、協同組合論、そして民族理論・政策をめぐって、若干の感想と補足的な私見を述べたいと思う。

1　ベーシックインカム論について

ベーシックインカム（ＢＩ）論については、「ベーシックインカムと資本主義、社会主義」と題する論考で、考察されている。ＢＩとは、「すべての個人に生存（単なる〈生存〉ではなく、〈人間的な生活〉）するに足る所得を、個人単位で、定期的に、他の収入・所得・資産や就労の有無に関係なく、審査なしで、無条件、普遍的に現金給付をする」（五一頁）ものである。一八世紀、トーマス・ペインが『土地配分の正義』で萌芽的に唱え、米国では一九六〇年代の福祉権運動やフェミニズム運動の中でも主張された。近年、日本でも注目されるのは、経済格差が拡大しワーキングプアが増大する一方、資本主義国における社会保障制度の行き詰まりが背景にある。

紅林論文のユニークな点は、ベーシックインカムを「社会主義」と結びつけるところだろう。したがって、その特徴は「ＢＩの限界」の指摘にまず表れる。すなわち、「①ＢＩはあくまで分配論であり、生産の在り方、生産手段の所有問題を問題にしていない」、「②従って、ＢＩのみでは資本主義的生産関係とそれに基づく搾取と収奪、格差と相対的な貧困はなくならない」、「③現金給付という面での形式的に平等な給付は行われるものの、個々人の必要に応じた実質的に平等な給付（現物給付やサービス給付を含む）は、このＢＩのみでは行われない」、「④あらゆる給付を貨幣による給付に置き換え、社会保障制度の市場経済化を推し進めるという側面も持っている」（五六頁）という指摘である。

とはいえ、「社会主義的変革」の観点から、特に完全ＢＩに関しては、運動論として基本的に支持される。なぜなら、「完全ＢＩが給付されるならば、誰も好き好んで資本の下で賃労働に従事する必要はなく」（五七頁）なり、資本主義経済における労働力商品化の廃絶につながるからである。要するに、「ＢＩの限界」は理解した上で、当面は生存権保障や社会保障拡充の運動に、さらには労働力商品化廃絶につなげる闘いに、ＢＩは活用できるという論旨だろう。

ところで、このＢＩに対しては、「反貧困」運動の活動家やワーキングプア当事者から、否定的・批判的意見が多いのが現実である。その第一の理由は、審査なしで一律に一定の現金を給付するＢＩよりも、公的扶助と社会保険を中心とした社会保障制度の方が、「必要に」応じたきめ細かい給付ができるからだ。また、この社会保障と累進課税を柱とした所得再分配制度は、経済格差の是正にも役立つ。これと裏腹の関係だが、第二の理由は、ＢＩ導入により、社会保障制度が過度に代替され崩されるという危惧である。また、財政赤字とも重なって、ＢＩの現金給付により、公共財が市場化される危惧もある。第三の理由は、ワーキングプア当事者の「福祉より雇用を」という思いだろう。換言すれば、ワーキングプアの多くは、「分配よりも、衣食住に足る安定雇用を」求めるという現実がある。

こう考えると、現場の運動家や当事者がＢＩに反対する理由は、著者の考える「ＢＩの限界」の指摘と、ほとんど重なる。理由の第一は「ＢＩの限界」の③、第二は④、第三は①②にかかわる問題だ。但し、著者の場合は、最終的にはＢＩを支持している。この両者の違いは、ＢＩが労働力商品化の廃絶につながるという論理の有無に尽きるだろう。別言すれば、利潤追求型の資本主義企業への労働力供給が阻害され、協同組合やＮＰＯやＮＧＯの非営利活動、ボランティア活動などが活発化するという論理である。だが、この論理自体も疑わしい。著者自身も「大工場や大規模な運輸、流通などの部門では、そこで働こうと思えば、それら生産手段を所有している大資本の下で働かざるを得ない」（五九頁）と認めるのだが、実際にはそれだけではない。こうした大規模企業に限らず、生産性の高い企業が、相対的に高い賃金を保障すれば、労働力はそちらへ流れるに違いない。ベーシックな収入以上を求める労働者は、当然にも存在するからだ。

それゆえ、現場の運動家や当事者がＢＩに反対する理由を是認した上で、著者のそれ自体疑わしい「社会主義的変革」の論理を対置したところで、ほとんど説得力はないだろう。したがって、もっと丁寧な議論が不可欠ではないだろうか。そもそも、ＢＩ導入の推進主体が明記されていないので、著者にとっては社会運動圏や中心的当事者を措定する必要はないのかもしれない。その辺は不明だが、評者は必要だと考えるので、これらの諸問題を主体的に再考してみたい。

現場の運動家や当事者がＢＩに反対する第一の理由は、社会保障制度の方が優れているというものだった。しかし、社会保障制度は、二割弱の生活保護捕捉率が象徴するように、決して十全には機能していない。その要因は、「財政赤字」を口実にした現場への締め付け、行政担当者の差別的対応、複雑な手続きなどにある。したがってＢＩを主張する際、「財政赤字」に対しては、財源を具体的に示すことが重要だ。ちなみに、著者は小沢修二氏の比例課税案を否定するが、ＢＩの税収としては累進課税に固執する必要はない。差別的対応や複雑な手続きに関しては、審査なしで一律に一定の現金を給付するＢＩにより、かなりの程度が解決する。生存権や平等権の思想を普及・徹底させるのは当然である。加えて、自然物である土地を私有する者の利益は、それ以外の者にも還元すべきという、ＢＩが提唱された初期の思想にも注目したい。

第二の理由は、ＢＩ導入により、社会保障制度が崩壊するというものだった。しかし、社会保障制度のうち、ＢＩで代替できる部分と出来ない部分とを区別し、後者については残せばよい。最初から、左派系のＢＩ論者はそう主張している。これで、「ＢＩより社会保障制度が優れている」といった、二者択一的な主張は退けることができるだろう。第三の理由は、当事者の「福祉より雇用を」という思いだった。しかし、雇用確保のためにも、ＢＩが導入されれば、余裕を持って闘える。つまり、ＢＩ要求運動は、労働組合運動と同時並行的に推進すべきなのだ。また、企業の「労働需要は派生需要」であるから、雇用にとっては景気対策も重要である。安定収入であるＢＩは、有効需要に寄与する側面があり、景気が維持・拡大することで、雇用確保につながることも期待できる。

２　協同組合論について

本書においては、前節で検討した論考を含め、協同組合をめぐる議論が少なくない。例えば、「非営利・協同セクターの形成・拡大」として、「株式会社に代わって協同組合や非営利団体（ＮＰＯ）を、社会的企業（利潤よりも社会的使命を第一とする企業、株式会社の形態を採る場合もある）を、そしてそれらによる経済セクターを作り出してゆくこと」（四六頁）が提起される。関連して、「フェアトレード、地域通貨、マイクロクレジット等々、様々な運動や相互扶助組織、セクターを含む多様な概念」（四九頁）として「連帯経済」が解説される。また、社会主義社会の生産主体として、国有・国営企業、労働者自主管理企業と並び、位置付けられているのが労働者協同組合だ。要するに、税制や経済政策あるいは国有化を通じた、「大企業・大資本の民主的・社会主義的統制」と同時に、「非営利・協同セクターの形成・拡大」といった戦略を、著者は提起しているのである。

但し、協同組合論でも著者は慎重で、モンドラゴン・グループの「ファゴール家電」倒産に示されるような、協同組合の維持・運営の困難性についても指摘している。だが、客観的な指摘に終始せず、困難に陥る原因を考察する必要があるのではないか。例えば、消費者協同組合においては、恒常的に労働問題が発生している。この組織は、消費者の利害を基準にして、生産・流通・消費を下から規制することを目的としており、雇用労働者の生産過程への関心は希薄だからだ。これに対し、労働者協同組合の場合、雇用確保や労働条件は重視されるから、労働問題の発生は比較的少ない。それでも市場競争を背景に、組織の事業を維持するため、労働条件の切下げ圧力が働き、内部対立を引き起こすことがある。それゆえ、こうした問題を克服する一つの鍵は、所謂「連帯市場」の形成・拡大なのだが、本書では触れられていない。別言すれば、資本の利潤追求に対抗する問題意識はあっても、市場経済の規制に関して論じた部分はほとんどない。

また、「労働組合の経営参加」（四五頁）をめぐる記述は混乱しているが、主要には労使協議制を想定していると思われる。これは理論上、労働組合による団体交渉やＱＣ運動とは異なるのだが、労使対等の立場で交渉し、経営内容や賃金分配を決定し、また労働者が生産の工夫をすること自体は悪いものではない。別の見方をすれば、一般の民間株式会社でも、社会的貢献度が高く、労働条件や労使関係が良好で、質の高い財・サービスを提供する企業が、在り得ることを示唆している。但し日本では多くの場合、企業ごとに経営内容や賃金分配が決定され、製品管理もなされるから、企業別に労使協議制度や労組の交渉やＱＣサークルが組織される。問題はこうした構造を基礎に、労働者が企業防衛意識をもち、経営者の違法行為や「合理化」に手を貸し、結果的に生産の質をも劣化させることだ。そこで、打開策として産業別組合化などが提起されるのだが、いずれにせよ、労使協議制や良好な労使関係を築くこと自体が悪い訳ではないのである。

さらに本書では、スウェーデンの「労働者基金制」、日本の「生産管理闘争」、アルゼンチンの「回復工場」が紹介されるが、コーポラティズムの一形態としての、サンディカリズムに関する言及はない。サンディカリズムとは、労働組合を基礎に日常闘争を闘うことで、社会的ゼネストを準備・実行し、未来社会では労働組合が生産・分配の主体となるという思想と運動である。ここで、コーポラティズムやサンディカリズムについて論じる余裕はないが、この短い規定だけでも、いくつもの問題提起を含んでいる。そこで議論が少し飛躍するが、本書の内容と関係するものを、補足的に指摘だけしておく。

まず、協同組合にせよ労働組合にせよ、革命の以前と以後とでは、その性格や役割が異なってくるのではないか、という問題である。もっとも労働組合に関しては、本書の社会主義社会論には出てこないから、革命後は解体・再編すべきというのが、著者の考えなのかも知れない。だとしても、「社会主義的変革」の途上で、推進主体の構成と、その性格や役割が変わるのか否かを含めて、議論を深める必要があると思われる。次に、協同組合などの成長・発展のみに期待するのか、そこに左翼政党やインテリの指導が必要なのか、といった問題である。これは、アナルコ・サンディカリストといわれた大杉栄と、日本共産党の創立に参加し後に労農派を形成した山川均との論争、すなわちいわゆる「アナ・ボル論争」にも通じる、古くて新しい論争点の一つでもある。しかし本書では、「社会主義政党の役割」(四一頁)と題する節もあるが、この問題が考察されることはない。

さらに、生産主体への資源配分と消費者への生産物分配を、如何に実現するかという難問がある。サンディカリズムの場合、労働組合が生産・分配の主体となることを主張するが、労組間の関係などは必ずしも明らかではない。本書においては、特に「市場と計画―下からの分権的協議経済的計画化」(三二一頁)と題する節などで、社会主義経済論が提起されている。但し、分配論については、村岡到氏の「〈生活カード制〉の意義と懸念」（七七頁）という形で検討されており、著者が自説を積極的に展開しているのではない。また、ＢＩは社会主義社会の分配論としても扱われるが、ＢＩ論に関する評者の意見は先述した。

3　民族理論・政策について

民族理論・民族政策については、「マルクス主義と民族理論、民族政策」と題する論考で、サーベイされている。ここでの著者の問題意識は、偏狭な民族主義やナショナリズム、「社会主義国」を含む国家間・民族間の対立・紛争、国内外の民族抑圧や差別、植民地支配と民族独立闘争などだろう。そして問題解決の方策として、オーストロ・マルクス主義が提唱した「文化的自治」、トロツキーが提唱した「ヨーロッパ合衆国」、独仏国境地帯における「欧州石炭鉄鋼共同体」という形での資源共同管理に注目している。

さて、紙幅も尽きてきたので、最も強く感じたことだけ記したい。本書では、「文化的自治」を「文化多元主義」「多文化共生」にも通じる考え方であり、再評価されるべきだと主張する。だが、ソ連ではバウアー型の「文化的自治」、つまり混住地域限定の属人的民族自治が、一定程度は実現していた。ソ連の民族政策は時期や地域により変遷してきたが、現地の民族語学校は存在したし、ロシア語学校でも民族語が履修できた。領域をもたない少数民族に対しても、民族語とロシア語のバイリンガル化という基本方針は変わらない。また、学校外教育まで含めれば、民族文化を学ぶ機会もあった。同時に、構成共和国は「主権国家」として、民族を基準に編成された。ところが、公的な場ではロシア語が優勢であり、行政の背後で強大な権力をもつ共産党は、良き「ソ連人」を優遇したのが現実だ。ペレストロイカ期以降、他の要因も絡んで、民族紛争が続発したのは周知の通りである。

これに対し、レンナー型の「文化的自治」は、一切の「領域的自治」つまり属地的民族自治を退ける。そこで日本を例にとると、「多文化共生」教育がなされ、民族学校も一応は存在している。だが、それは「多民族共生」を意味しない。だから、在日外国人には日本人と対等な権利は認められず、選挙権も無ければ、警察官にもなれない。民族差別は同化主義だけでなく、「文化多元主義」とも併存し得るのであって、「文化的自治」は民族問題を解決する万能薬ではない。それは、政治・経済・文化の各領域において、国内外での支配・抑圧、制度的差別と実質的差別などの観点から、検証すれば浮き彫りになる。

加えて、左翼固有の問題群がある。すなわち、「被抑圧民族の分離・独立、および階級としての結合・連帯」、「国家の死滅」、「共産主義的人間」をめぐる問題などである。「従属論・新従属論」（一三八頁）に関しては、新自由主義とグローバリズムの時代における、新たな帝国主義論あるいは現代〈帝国〉論の解明の中で、活かしていくべきだろう。どれも困難な課題であるが、本書の問題提起を基礎に、今後も考えていきたい。

以上、本書をめぐって、部分的ではあるが、評者の思うところを述べてきた。評者の友人でもある著者は、勤勉な市民活動家であり社会主義者である。それだけに本書は、類書も少なく、貴重で稀有な存在だろう。アカデミズムの世界でもなく、ジャーナリズムの立場からでもなく、まさに運動の中から生まれたと言ってよい。社会運動圏を中心に、幅広く読まれ、深く議論され、実践的に活用されることを期待したい。

変革と革命の関係を中心に

瀬戸 宏

紅林進氏の近著『民主制の下での社会主義的変革』(以下、本書と略記)は、紅林氏が近年書き継いできた論考を整理し、それに書き下ろし原稿を加えて一冊の論文集としたものである。その範囲は、社会主義社会の構想と実現の問題、ベーシックインカム、生活カード制、モンドラゴン協同組合の紹介、マルクス主義と民族理論、現在の日本での民主的選挙制度の希求など幅広い。本書は「あとがき」を含めて一七〇頁とそれほど分厚い本ではないが、その内容は大変豊富である。その豊かな内容を貫いているのは、標題にもある民主制と社会主義の関連である。「私は、搾取や収奪を生み、格差や貧困を生み出し、利己心を刺激し続ける資本主義がよいとは思わないし、それを克服するには社会主義が必要だと考える」(二頁)という本書「まえがき」の記述は、紅林氏の指向性を簡潔に言い表している。

本書には、大きな特徴がある。これまで、社会主義社会を実現するためには、古い社会を覆す革命という行為が必要とされてきた。『共産党宣言』はこう述べている。

「プロレタリア階級が、ブルジョア階級との闘争のうちに必然的に階級にまで結集し、**革命によって**支配階級となり、支配階級として強力的に古い生産諸関係を廃止するならば、この生産諸関係の廃止とともに、プロレタリア階級は、階級対立の、階級一般の存在条件を、したがって階級としての自分自身の支配を廃止する。」（岩波文庫版、六九頁、太字は引用者）

しかし、本書には革命という言葉は現れない。それに代わって用いられているのは、書名にもある変革である。ここでは、革命と変革の問題を中心に私の本書に対する考えを述べてみたい。

まず紅林氏は社会主義が実現された社会、すなわち社会主義社会をどのように考えているのか、確認しておこう。

本書によれば、「私にとっての社会主義のメルクマールは、生産手段の私的所有を社会的所有に移し、労働力の商品化を廃絶し、剰余労働、剰余価値の搾取をなくし、労働者が生産現場の主人公になり、そして生産、経済の運営を意識的計画的に行うこと」（一三頁）である。これは、伝統的な社会主義観とそれほど大きな違いはない。しかし、これまでの社会主義論とかなり大きく異なるのは、紅林氏が民主主義、民主制の擁護と遵守をたいへん強調していることである。そのことは、「民主制の下での」という本書の表題にも現れている。これは、紅林氏が革命に換えて変革を用いていることとも関連していよう。

紅林氏が革命という言葉を避けたのは、革命、特に社会主義と関連する革命には多くの場合強い暴力的色彩がまとわりついているからであろう。毛沢東が一九二七年に書き『毛沢東語録』にも収録された「湖南農民運動考察報告」の一節は、革命という言葉が持つ暴力性を最も強く表現した文献の一つであると思われる。

「革命は客を食事に招くことでもなければ文章を書くことでもなく、絵を描いたり刺繍をしたりすることでもない。そのような優雅で鷹揚な、上品で穏やかなものではない。革命とは暴動であり、一つの階級が別の階級を覆す激烈な行動である」（拙訳）。

毛沢東がこの文を書いた二〇世紀二〇年代の中国では、議会制民主主義は保証されておらず、社会には残虐な封建勢力が跋扈し、共産党系の革命運動に参加すればただちに逮捕殺害される危険性があった。そのため、二〇世紀前半の中国では革命運動は武装闘争という形態をとらざるをえなかったのである。当時の中国で平和的な社会変革を主張しても、それは空論であったろう。だが、今日の日本ではかなり形骸化しつつも、民主主義は保証されている。紅林氏はこう述べる。

「普通選挙とそれに基づく議会制民主主義の定着している社会においては、暴力革命は否定されるべきであり、社会の多数の人々の同意と積極的参加の下に社会主義的変革を追求していくべきである。」（三七～三八頁）

私は、この点については紅林氏の主張にまったく賛成である。実際にも、一九四五年以降の日本で暴力革命をめざした運動はかなりあったが、ことごとく失敗したのは周知のことであろう。もっとも、社会主義運動の歴史では、暴動や武装蜂起など武力・暴力によらない平和革命という概念も早くから提起されてきた。マルクスやエンゲルスは、一九世紀後半にすでにいわゆる平和革命の可能性について言及している。ここではエンゲルスの一八九一年の発言を引こう。

「人民代表機関が自己の手中に全権力を集中し、人民の多数の支持をえさえすれば憲法上欲することができる国々では、古い社会は新しい社会に平和的に成長する、と考えることができる。フランスやアメリカのような民主共和国、王室を買いとることが目前の問題として日々新聞紙上で論議されており、またこの王室が民意に対して無力であるイギリスのような君主国の場合がそうである。」（エンゲルス「エルフルト綱領批判」新潮社版『マルクス・エンゲルス選集』第九巻、一六三頁）

日本では、社会主義協会など社会党左派系勢力がはやくから平和革命を主張していた。日本共産党も二一世紀の今日では、事実上平和革命唯一論に立っている。

紅林氏は、氏がイメージする社会主義的変革についてこう述べる。

「民主制の下における改革は、暴力革命によって、一挙的に変えるのではなく、労働者、人民、有権者の支持と同意を獲得しつつ、進めるものである以上、漸進的にならざるを得ない。

（中略）また労働者、人民の支持の下に社会主義政党が政権についても、人民、有権者の支持を失えば、政権を去らねばならない。従って前進も後退もある、息の長い改革の諸過程とならざるを得ない。」（四〇頁）

この提起も、私は賛成である。紅林氏は、生産手段の私有制や市場経済など資本主義の根本に対する変革は「決して漸進的な改革ではなく、まさに革命的な変革」だとしつつも、その実現はやはり「長期の変革過程とならざるを得ない」とする。私も同意見だが、私は資本主義の基本に対する変革を実行する政権すなわち社会主義政策を実行する政権と、それ以前の社会主義勢力が参加して人民、有権者が差し迫って求める諸課題の解決をめざす政権とは性格を区別したほうがいいのではないか、と思う。現在の社会では、社会主義を明確に志向する社会主義政党がいきなり国会の過半数を占めることは考えにくく、社会主義政党ではないが大資本（独占資本）の横暴に抵抗する社会的諸勢力を反映する政党との連合政権になる可能性が強い。その時に社会主義指向の政策を性急に実行しようとすれば、そのような政党・諸勢力との間に亀裂が生まれ、連合政権が分裂し、独占資本の政党、勢力を利することにもなりかねない。一九七三年のチリ革命政権の崩壊は、直接の原因はアメリカの暴力的介入だが、革命勢力の分裂も大きな原因だったと思われる。

社会主義政党についても、紅林氏はこう述べている。

「私は一つのイデオロギーに基づく一枚岩の前衛党ではなく、社会主義的な変革をめざすさまざまな勢力が幅広く結集した連合戦線的な大衆政党が必要だと思う。（中略）理論闘争は大いに結構（ただし議論のための議論は意味がない）であり、民衆的、大衆的討議と、行動における一致や統一が重要である（中略）。分派も容認されるべきであり、開かれた党にならなければならない。」（四二頁）

この政党論も、私は同意見である。日本社会党が一九四九年から一九八六年まで標榜していた階級的大衆政党も、本来はこのような政党をイメージしていたと思われる。「開かれた党」と行動における一致や統一すなわち「規律のある党」は、決して矛盾するものではあるまい。もっとも紅林氏が「旧日本社会党のように、派閥抗争に明け暮れたのでは困るが」と述べているように、大衆政党の実際の運営は、さまざまな困難が生じるのではあるが。

本書では、このほか社会主義に至る過渡の政策として、大企業、大資本の民主的・社会主義的統制や非営利・協同セクターの形成・拡大も提起されている。労働組合の重要性も指摘されている。

では、紅林氏の主張する民主制の下での社会主義的変革と社会党左派や今日の日本共産党が主張する平和革命とは異なった概念なのだろうか（日本共産党の場合は、直接には社会主義革命を目指さず、まず民主主義革命を実行しそれから社会主義革命へという二段階革命論なのだが、この問題は今は触れない)。資本主義から社会主義への変化をもたらす変革は、すなわち社会主義革命ではないのだろうか。なぜ紅林氏は革命という用語を避けたのだろうか。

それは、すでに述べたように革命という用語には、強い暴力的あるいは強制力的な色彩があり、民主制と相容れない色彩があると紅林氏が考えたからであろう。平和革命を主張する勢力も、革命の過程で階級的な強制力が行使されることは否定していないのである。

だが、社会変革は自然現象のように、ひとりでに起きるのだろうか。古い社会勢力(現在の日本の場合は資本主義勢力)は、簡単にその支配権を新しい社会勢力に譲り渡すのだろうか。紅林氏も本書の中で生活カードの安全性と関連して「反革命的な破壊工作」(八四頁)が行われる危険性を指摘している。このような古い社会勢力の反抗を阻止するために、何らかの力が必要ではないだろうか。

力は、必ずしも直接の暴力とは限らない。議会を通じて社会変革を行うには、まず選挙で議員を当選させなければならない。国会議員のみならず地方議員といえども一定の資金力と組織力がなければ当選できない。社会主義とは無関係な一般的選挙でもそうである。時にはいわゆる「風」が吹いてほとんど選挙活動をしなくても当選できることもあるが、そのような状況は長続きするものではない。社会変革を真に実行するためには、継続して議員を議会特に国会に送り込む必要があるが、それには安定した組織力、財政力を持った社会勢力が必要である。ここでいう力とは、そういうことである。自民党が政権を維持しているのは、それなりの強固な力を持っているからである。

こう考えると、紅林氏の言う「民主制の下での社会主義的変革」も強固な「力」がなければ実現不可能であり、それは実質的には社会主義革命と変わらないのではなかろうか。私には、本書で革命という言葉を避ける必要はなかった、あるいは避けるべきではなかった、と思えてならない。

本書の他の部分も興味深いのだが、ここではモンドラゴン協同組合紹介部分に触れておきたい。労働者自主管理が成功裏に行われている例だからである。本書でも紹介されているように、モンドラゴン協同組合の中核企業であるファゴール家電は二〇一三年に倒産する。協同組合運営の困難さを示すものだが、モンドラゴン協同組合を紹介した「朝日新聞」本年五月五日の記事によれば、倒産したファゴール家電の従業員の大半は路頭に迷うことなく希望者のほぼすべてがグループ内企業に就職できたという。このような雇用の柔構造も、学ぶべきであろう。

ともあれ、私は本書を読んで社会主義に対する紅林氏の真摯な姿勢に感銘を受け、改めて多くのことを学んだ。本書が広く読まれ、読者の社会主義に対する思考が深められることを願ってやまない。

社会変革の論議の一丁目一番地としての役割

武市　徹

わたしは、一九七〇年代に愛知県において共産主義者同盟系の労働者共産主義委員会（通称：怒涛派）の運動に参加し、怒涛派から分派して日本革命党を結成して活動してきた。その後、組織の分散状況などを経て生活のために再就職をし、個人として可能な運動に参加しながら、一九八九年からは労働者自主管理企業を目指した会社経営に集中してきた。昨年（二〇一七年）、最終的に企業経営を後継者に託し、労働者自主管理企業を目指した経験をも活かすべく三〇年ぶりに組織活動に復帰した。その一環として、本年（二〇一八年）二月のルネサンス研究所の例会に参加し、紅林進さんの『民主制の下での社会主義的変革』を知り、三月二六日のその「出版記念討論会」に参加した。

『民主制の下での社会主義的変革』については、次のA、B二つの視点から、社会変革の政策と運動を論議する一丁目一番地としての役割を果たしうる論考であると評価し、社会変革を目指すすべての活動家と学者研究者が読んで論議すべきと提案する。

Ａ　紅林さんは「暴力革命」「プロレタリア独裁」を否定すべきとして提起している。

①議会制民主主義の……社会にあっては、暴力革命ではなく、一人一票の投票によって社会主義的変革への道を拓く可能性が生まれた（二二頁）。

②未来社会は、民主主義を通して、人々の選択によって決めてゆくべきもの……誰かの個人的な青写真に基づいて決められるものではない（一二二頁）。

③社会主義の経済制度は、人民の生存権を具体的に保障するものでなければならず、人民を飢えさせることなどあってはならない（二四頁）。

④一〇〇年前のロシア革命の時代はいざ知らず、民主制の下での暴力革命は許されないし、マルクス・レーニン主義が唱えた「プロレタリア独裁」は否定されるべきであり、もちろん、一党独裁も許されない（二五頁）。

新左翼や共産党離脱左翼は、この紅林さんの提起に対してどうこたえるのだろうか？　新左翼や共産党離脱左翼のほとんどが、機関紙などでの主張や行動を見る限り、すでに「暴力革命派」でも「プロレタリア独裁派」でもなくなっているが、それでもなおマルクスやレーニンなどを引いての教条的な攻撃しかできないようでは、政治生命は絶たれていると言わざるをえない。

わたしも新左翼出身だし、現在も新左翼を任じているが、新左翼運動の何を継承し、何を克服せねばならないか、時期としては政治生命継続の最終段階に来ているのである。求められているのは、二一世紀の社会主義の理論と政策と運動の再構築にほかならない。新左翼運動の最良の質を継承していくためにも、最後のチャンスとして『民主制の下での社会主義的変革』をきっかけとして自らの政治の総点検を求めるものである。

B　紅林さんは新たな社会主義像を考察し、その実現方法を模索している。

①資本主義……を克服するには社会主義が必要……生産手段の私的所有を廃して、社会的共有に移し、労働力の商品化を廃して、労働者が生産の主体……になる（二頁）

②経済面での民主主義の徹底が社会主義（二二頁）。

③ルールある資本主義ではなく社会主義を（二八頁）。

④ベーシックインカムとは……すべての個人に……人間的な生活をするに足る所得を……資産や就労の有無に関係なく……現金給付するもの（五一頁）……要求運動を、資本主義変革のためにいかに活用するか（七〇頁）。

紅林さんは「新たな社会主義像について経済面を中心に考察し、最後にその実現方法を述べ(る)」（一三頁）としているが、わたしには著書の中でその部分がどこなのか理解できなかった。「分権的協議経済的計画化」「労働者協同組合」などが提示されているが、その困難性が詳述され、むしろ大企業大資本の民主的統制などの漸進的な改革併用の必要性が強調されている。

このような曖昧さは、紅林さんに特有なものではなく、共産党や新社会党や社民党にも共通するものであろう。例えば共産党は綱領で次のように言っている。

「社会主義的変革の中心は、主要な生産手段の所有・管理・運営を社会の手に移す生産手段の社会化である」(「五、社会主義・共産主義の社会をめざして」)。

「生産手段の社会化は、その所有・管理・運営が、情勢と条件に応じて多様な形態をとりうる……生産者が主役という社会主義の原則を踏み外してはならない」(同)。

「市場経済を通じて社会主義に進むことは、日本の条件にかなった社会主義の法則的な発展方向である……計画性と市場経済を結合させた弾力的で効率的な経済運営……が重要である」(同)。

共産党の綱領のこの内容は紅林進さんの提示と近似値であると言えよう。共産党はなぜこのような曖昧な社会主義しか語れないのであろうか。

その理由は、「五」の前の「四、民主主義革命と民主連合政府」で「現在、日本社会が必要としている変革は、社会主義革命ではなく、異常な対米従属と大企業・財界の横暴な支配の打破――日本の真の独立の確保と政治・経済・社会の民主主義的な改革の実現を内容とする民主主義革命である」として、実質上、社会主義を投げ捨ててしまっているからではないのか。現在の日本が必要としていないという社会主義革命を語ることなど無意味であろう。

社会主義についてのこうした曖昧さを見るにつけ、紅林さんの『民主制の下での社会主義的変革』は一つのテキストとして、共産党や新社会党や社民党などの左翼が乗り越えなければならない「共通の壁」を提示しているものとして重要であり、理論的・政策的・実践的な解を求めたい。

ところで、紅林さんが社会主義像と実現方法について示しえていない理由は、「生産手段の社会的所有が社会主義であり」(二頁)「剰余労働の搾取廃絶が社会主義であり」(同)、「ルールある資本主義ではなく社会主義を」(二八頁)という教条にとらわれすぎているからであると、わたしは考えており、そのことを「討論会」においても発言した。「ルールある資本主義」は、本来の意味での資本主義ではすでになく社会主義(的)であると、わたしは考える。

わたし(たち)は、紅林さんが方向性として提示している「議会制民主主義を通じた革命」「ベーシックインカム政策」が、本質的には「プロレタリア独裁」を否定するとともに、狭い変革観である「労働者階級本隊論」を克服し、「労働者協同組合」「労働者自主管理企業」運動よりも社会変革の主流の位置となると認識している。このことを社会変革においての国民国家論、現代民主制論、税制歳入論、社会保障歳出論などへと展開すべき理論的・政策的・運動的課題として提示し論議していきたい。紅林さんには「経済面での民主主義の徹底が社会主義」(二頁)という認識の徹底と整合に期待したい。

なお討論会において、報告者の大津留公彦さんは、紅林さんの「ルールある資本主義ではなく社会主義を」(二八頁)との提示に対して「共産党は現在では『ルールある資本主義』とは言っておらず、志位委員長は『ルールある経済社会』としている」旨の発言をされた。

共産党が綱領に明記している「ルールある経済社会」は、わたし（たち）の主張――「基本的人権・民主・平和を実現していく連続した社会主義変革」に近いものとして歓迎する。だが、それを「資本主義制度のもとでの段階革命の課題（社会主義ではない）」とする狭い認識に、わたし（たち）は反対である。わたし（たち）は、観念的な（社会主義）「未来社会論」に反対し、前衛党（唯一）論の完全払拭とともに、綱領の書き直しを求めるものである。

立憲民主党や国民民主党や市民運動団体にも、紅林さんの提示している内容について問いたいのであるが、焦点を分散させたくないので、その課題はまた別の機会があればということにする。なお、紅林さんの『民主制の下での社会主義的変革』をもとに「社会変革の理論と政策と運動」を論議するにあたっては、村岡到さんの『ソ連邦の崩壊と社会主義』（ロゴス）及び、わたしたちの『進路』復刊第一号を併読されることをお奨めする。

紅林さんの今後の論考と、野党・新左翼・市民運動・学者研究者の論議に期待する。

韓国の市民運動との関係で

中瀬勝義

紅林進さん出版おめでとうございます。紅林さんが「まえがき」に書かれた「二〇一七年はロシア革命一〇〇周年だが、ソ連が一九九一年に崩壊し「社会主義」に対する人々の期待は失われ、今日、「社会主義」に言及されることが極端に減った。しかし、「社会主義」を過去のものとして忘れ去ってよいのだろうか。米国をはじめとする資本主義は、本性をむき出しに、強欲な新自由主義政策をやりたい放題に進めている。私は、搾取や収奪を生み、格差や貧困を拡げ、利己心を刺激し続ける資本主義を克服するためには民主制の下での社会主義が必要だと考える」と書いていることに共感させられる。紅林さんの一番の指摘は、民主的市民活動活性化と思う。

1　社会主義への理論的探究

社会主義をどのように構想し実現するかの以下の論述に共感だ。

あるべき未来社会は、民主主義を通じて、人々の選択によって決めて行くべきものだと思う。私は、基本的にマルクス経済学の立場、労働価値説の立場をとり、社会主義の実現が必要と考える。私にとっての社会主義のメルクマールは、生産手段の私的所有を社会的所有に移し、労働力の商品化を廃絶し、剰余労働、剰余価値の搾取をなくし、労働者が生産現場の主人公になり、そして生産、経済の運営を意識的計画的に行うことである。

資本主義は、経済的自由を基本とするが、自由は経済的自由だけではない。弱肉強食や多くの人々の生活を圧迫する新自由主義は適当でないと考える。形骸化した「機会の平等」は不平等を生み出し続けている。工場や生産設備などの生産手段は、私有制を止め、社会的所有にすべきだ。しかし、「社会的所有＝国有・国営」ではない。社会的所有には協同組合的所有や自治体によるものなどが考えられる。

ソ連に見られたような官僚による労働者支配に代わったのでは、労働者の解放にはつながらない。消費財については、私的所有を認めるべきであるが、公共の利益のための制限・制約は必要である。

私は、国有・国営企業だけではなく、労働者協同組合、労働者自主管理企業が生産の基本になるべきだと考える。労働者の解放とは、搾取の廃絶、官僚的な支配からの解放、安全な労働環境と人間的な労働と労働者の自己決定権が保障され、労働者が生産、職場の真の主人公になることだ。

2　社会主義的変革の可能性と困難性

この点についての以下の論述にも賛同したい。

二〇〇八年のリーマンショックによる世界経済危機は、新自由主義、市場原理主義、カジノ資本主義の破綻を誰の目にも明らかにした。資本主義の牙城である米国政府自体がGMを「国有化」せざるを得ない事態を見ても明白である。資本主義は人間の利己的側面のみに焦点を当て、助長し、利己心を動力とする社会である。社会主義は、利己的側面を抑えて、利他的側面、連帯する側面を伸ばし、利他心を発揮できるような社会の仕組み、システムである。

今日では、マルクスの時代とは異なって、暴力革命ではなく、選挙を通して、議会の多数を獲得することにより、社会主義的変革を行える時代になった。しかし、残念ながら社会主義政党は資本主義に代わる社会主義のビジョンを積極的に提示できていない。

北欧やドイツなどのヨーロッパでは、社会民主主義や経済民主主義の考え方の影響で、「労使共同決定法」などを制定し、労働組合の経営参加が進んでいる。さらに協同組合や非営利団体（NPO）の社会的企業を創り出している。協同組合、労働者協同組合としては、世界的にはスペイン・バスク地方の「モンドラゴン協同組合グループ」が有名だ。スペイン最大手の家電メーカーである「ファゴール協同組合」など多数の協同組合が集合したものである。そこでは、組合員主体の民主的運営と効率、生産性とを両立させ、雇用と生産を拡大している。

3　ソウル市の一〇〇万人ろうそくデモから思うこと

筆者は宇都宮健児氏の主宰する「うつけんゼミのソウル市視察旅行」に行く機会に恵まれた。たった一度の訪問でしかないが、ソウル市で進められている「社会革新」に大変驚かされた。紅林氏の構想している民主制下の社会主義的変革がここにあるのではないかと思う。その概要を以下に示してみたい。

希望のまち東京をつくる会のメンバーとうつけんゼミ生は、二〇一七年一〇月末に韓国ソウル市を訪れ、ソウル市庁舎、ソウル市NPO支援センター、ソウル革新パーク、衿川区庁、禿山四洞住民センターなどの行政関係組織、参与連帯、経済正義実践市民連合（経実連）などの市民運動団体等を視察し、貴重な話を聞くことができた。視察の目的はなぜ韓国では毎週土曜日、四か月間も一〇〇万人ろうそくデモが継続し、パク・クネ大統領を訴追にまで追い込むことができたのか。また、ソウル市で進められている改革や韓国の市民運動に学び、都政の改革や日本の市民運動の発展に生かすということである。

希望のまち東京をつくる会としては二〇一四年に続く二度目の視察で、前回の無償給食実施、ソウル市立大学授業料半額化、ソウル市で働く非正規職員の正規化などの朴元淳市長の下でのソウル市の素晴らしい改革や、市民団体の活発な活動が、その後も朴元淳市長の下で着実に進められていたことに驚いた。例えば、日本で展開しつつある福祉の削減、自助・共助・互助の強調に対して、看護師らの職員が住民を訪ね、福祉を必要とする人を発掘し、継続的に支援していく出前福祉ともいうべき「チャットン」という福祉制度の創設、就職活動をしている青年に毎月五万円を半年間支給する「青年手当」の創設などが行われていた。

朴元淳市長は二代目参与連帯事務所長で、市民の声をよく聞き、SNSで一五〇万市民と繋がり、市民が直接市長に訴えることができる。ソウル市は課長決済の九〇%を市民に情報公開し、政策決定過程に市民を参加させることに力を入れ、市民民主主義を育てようとしていることが印象的であった。

象徴的なことは、市民が予算の使い方を提案し決定するソウル市の市民参与予算制度、市民団体の活動を支援する革新パーク&青年ハブのような取り組みである。ソウル市長の下での改革が、文在寅新政権の改革にも大きな影響を与えつつあり、政府の中にも社会革新首席を配置している。

ソウル市は一貫してトップダウンではなく、人々と共に歩む、誰もが理解できる、希望が持てる目標を示し、実行に当たっては市民参加型を徹底している。「協同組合都市―ソウル構想」を提唱し、「協同組合活性化支援条例」「社会的経済基本条例」を制定し、グローバル社会的経済フォーラムの創立につなげている。総人口の二〇％一〇〇〇万人が住むソウル市に「〝共同組合都市――ソウル〟実現のための協同組合活性化――基本計画」案を発表し、ソウル市民のほぼ全員が何らかの協同組合員であるような「共に創り、共に享受する、希望の〝協同組合都市――ソウル〟」を目指している。

法的整備が進んでも、人材が育っていなければ何も進まない。その社会革新の核心は、「社会革新センター（Innovation Park）」で、センターに二八五のＮＰＯや協同組合の有力メンバーが集結し、情報交換・人材育成に取り組み、三年後には三〇〇〇人にと拡大しつつある夢のような施設だ。

最も住民自治が進んでいると言われる衿川区四洞住民センターでは、洞長の執務室の壁を取り除き、スペースを住民に開放、行政だけでは解決できない問題を、皆で考え、議論できる場にした。住民たちは、現場に行って議論したり、専門家を招いてワークショップを開いたり、問題解決のために様々な手法がとられるようになった。住民自ら問題を解決する様に町が変化しつつあり、その体験のフィードバックによって個人個人が成長し、育児支援、不法駐車問題、町の美化、若者支援、コミュニティづくり等々と住民自治に参加する。その循環により町は加速度的に飛躍しているとのこと。

一方、ろうそく市民革命の立役者となった「参与連帯」の政策委員長（前参与連帯事務所長）

に伺った。参与連帯は、市民参加による草の根からの民主化を目指すNPO団体で、権力と市場の民主化に係り、幅広い課題に取り組む「総合型」市民運動組織である。民主的手続きや合法的枠組みの中で民主化に向けた改革を目指すため、国家機関監視や対象になり得る政策立案に重きを置いている。会員数約一五〇〇〇人、会費で七五％、イベントで二〇％、政府や企業から資金援助一切なし、一二のセンターがあり、六〇人の専従、二〇〇人のサポーターが現場に出向いて解決を支援している。落薦・落選運動で問題の議員や候補を推薦しないように各党の本部に指摘し、落選させている。ローソク革命では、市民運動のハブとして二三〇〇組織をネットワーク、市民とSNSで連帯、法律対応を担当した。

老舗の「経済正義実践連合」は、財閥中心経済を変革し、社会正義を実現する目標で一九八九年設立。不動産投資問題、貧困問題を重点ポイントに対応し、代案を提示し、メディアを通して、NGOの活動を評価し、国会議員をモニタリングし、立法や改正に取り組んでいる。会員数や運営は、参与連帯とほぼ同じで、企業や行政からの支援はないという。このような団体がいくつもあることが韓国市民運動の強みとなっている。

「人権財団『ひと』」は「セウオル号事故からろうそく革命へ」をつなげた有力団体で、パク・レグン所長に伺った。三〇四人の高校生が死亡した大惨事にも拘らず、政府は救助に全力投入できなかったことから、国民、特に母親・家族・少年に政府が国民を守らないことが伝わり、その怒りが沸騰し、市民運動に展開した。さらに政府は事故究明を妨害するような態度で、国民には余りにも不明なことが続き、怒りが爆発した。一〇〇万人ろうそくデモは、これなくしてはそこまでには至らなかったとのこと。

以上のソウル視察旅行から見えてきたことは、民主主義の努力の積み上げの中で、民主的な地域や国が育っていることに驚くとともに、希望が見えてきた。民主制下の社会主義的変革が、日本の隣国の韓国で進んでいることが、市民と市長・行政等の試行錯誤の中で育っていることを知ることができた。ソウル市長は、人権派弁護士として活躍する中、日本を四か月かけて、北海道から九州までの市民運動・住民運動などを調査研究し、韓国において進歩的な「参与連帯」に参画し二代目事務所長を経て、市民運動の人材・資金確保のために「美しい財団」、市民運動のシンクタンク「希望製作所」を創立している根っからの市民運動家だ。そんな市長が社会的連帯経済を市民とともに創り上げつつあるという現状に驚かざるを得ない。

おわりに

七三年前の生後四〇日目の一九四五年三月一〇日、亀戸で東京大空襲を被災し、助かった筆者は、戦争は絶対するべきではないと考える。また、東海大学海洋学部を卒業し、五〇年前に九州電力玄海・川内・伊方原発の最初の環境調査を担当した身には原発の悲しい事故が二度と起こらないことを祈らざるを得ない。

しかし、安倍政権は、戦争のできる戦前の日本に戻すことが、日本復活と言い、軍備拡張を目指し、原発再稼働が経済復活の要と考えている。核兵器が拡大化し、核戦争が始まったら人類は最早この世に住めなくなると考えられている時代に、国民の安全安心を最優先すべき政府が、戦争や原発再稼働を推進しようとしていることにあまりの違和感を持たざるを得ない。

ソウル市は〝協同組合都市――ソウル〟を目指し、「ソウル宣言」を謳い上げ、世界中の格差や貧困を拡大する資本主義を乗越え、民主的な社会をつくることを目指している。紅林氏の『民主制の下での社会主義的変革』に相通ずることが展開し始めていることに大きな希望を感じる。

日本ほど、温暖で、水が豊富で、緑いっぱい、安全な海に囲まれた、山紫水明の自然豊かな国はない。世界一素晴しい国と思う。かつては、「資源のない国」と考え、海洋開発・宇宙開発・原子力開発を中心に雄飛しようと計画した時代もあった。戦後、辛い農林水産業を止め、生産性の高いみんなが幸福になれる工業貿易立国に特化し、国民一丸となり海外の資源を求め、良い製品をつくり、一時はジャパン・アズ・ナンバーワンともなった。しかし、工業が世界に拡散し、最早そんなビジネスモデルは終焉している。今後は、環境制約・資源制約の中、環境・人権先進国として日本の国内資源をベースに、農林水産業・製造業・地域の土建業を中心に、衣食住自給率一〇〇%の循環型・持続可能な自然豊かな国をつくり上げることこそが大切と思う。紅林さんが主張する「民主制の下での社会主義的変革」が進展することを期待したい。

日本もヨーロッパを見倣って長期バカンスをつくり、ゆっくりと人生を楽しむとともに、世界第六位の経済的排他水域（ＥＥＺ）を活用した海に遊ぶ海洋観光立国を夢見たい。世界中の人に、バカンスで自然豊かな日本に来て頂き、一、二か月ゆっくりと旅し、民宿に泊まり、温泉を楽しみ、時には瀬戸内海や日本海、太平洋などをめぐり、健康になって頂く。まさに日本が「癒しのジパング」になることだ。

「資源のない国」から「自然豊かな国」への転換を祈念して。

「民意を忠実に反映する選挙制度を！」に寄せて

西川伸一

私はひそかに紅林さんを尊敬している。たとえば、年に四回程度開催される社会主義理論学会の研究集会や研究会では毎回、受付を釣り銭の準備までして担当してくださる。その際にアンケート用紙を来場者に配布し、会終了後にそれを回収しすぐに集計し、委員にメールで知らせてくださる。事前に『週刊金曜日』の催し物告知欄に研究会開催の案内を送ってくださる。地道なロジについて、紅林さんにすっかり甘えてしまっている自分が恥ずかしい。

本稿はそんな紅林さんへのお礼を込めて、同氏の新著のサイドリーダーをとりわけ第Ⅱ部の「民意を忠実に反映する選挙制度を！」の章を題材に書いてみたい。

1　小選挙区制批判

本書のタイトルにある「民主制の下での社会主義的変革」を目指すには、選挙が決定的に重要である。「民主制の下での暴力革命は許されないし、議会制民主主義の下で、社会主義をめざす諸政党が選挙で多数派を獲得し、政権を獲って、有権者の多数派の同意を得ながら一歩一歩、社会主義的政策を進めるほかない」（二六頁）からである。そこで、民意を議席に転換する選挙制度の設計に最大の関心が寄せられる。本書はどう主張しているのか。

まず、小選挙区制については民意を著しく歪曲させ、「人為的に「二大政党制」を作り出す選挙制度」（一四七頁）として、否定的に評価する。この評価は政治学の研究者の間では「公理」といってもよい。だが、小選挙区制を支持する政治学者も少数ながら存在する。その代表的人物は後房雄名古屋大学大学院教授であろう。彼によれば、小選挙区制は有権者に政権選択権を保証するという。小選挙区制導入を柱とした一九九〇年代前半の政治改革について、「その目的は、どの政党に多数を与え、政権を担当させるか、それを有権者が直接選択できるようにすること」だったと後氏はふり返っている（『法律文化』二〇〇五年八月号、二八頁）。

二大政党制が持論の後氏は二〇一六年七月の参院選を前に『中日新聞』のインタビューに応じている。そこで後氏は選挙区のうち三二ある一人区すべてで野党共闘が実現したことについて、「一人区で二大政党的な構図は実現したが、中途半端。共闘と言いながら、愛知など複数区では野党同士が争う。負けを減らすための共闘にすぎず、政権を取りに行く段階、構図になっていない」と手厳しい。「日本で〈野党共闘が〉うまくいかない原因は共産党」とまで言う。「民進は負けを減らす手を考えてばかりではなく、二十年、三十年先を見据えて、本格的な政策の純化を図るべきだ」との発言に至っては、二大政党制がすべてを解決する魔法の政党システムと理想視しすぎているようにさえ思えてくる（二〇一六年六月九日付『中日新聞』）。

確かに、政権選択権は心地よく耳に響く。自社さ連立政権のように、政党間の合従連衡により有権者が想像もしなかった政権もかつてはあった。片や小選挙区制では、それが必然的に生じさせる膨大な死票の上に、歪められた民意に基づく政権が誕生してしまう。このことは、政権選択権行使の結果として正当化できようか。

2　隠れた死票

死票といえば、隠れた死票もあることを指摘しておきたい。以下は、中選挙区制での最後の衆院総選挙であった一九九三年総選挙における熊本一区（定数五）の結果である（次頁表）。

トップ当選の細川候補が第二位当選の野田候補に倍以上の差をつけて圧勝した。仮にこの選挙が比例代表制で行われていたら、各党派の獲得議席はどうなっていただろうか。試算すると、日本新党二議席、自民党二議席、社会党一議席となった。つまり、日本新党は二議席を獲得できる支持を集めながら、細川候補しか擁立しなかったためみすみす一議席を獲得し損なったのである。細川候補に投じられた票の半分は、見えない死票になってしまった。定数が二以上の選挙の場合、このような事態は理論的には常に生じうる。

当落	候補者名	所属党派	得票数	%
当	細川護熙	日本新党	213,125	33.4
当	野田　毅	自民党	93,824	14.7
当	松岡利勝	自民党	82,620	12.9
当	田中昭一	社会党	74,652	11.7
当	倉田栄喜	公明党	71,415	11.2
	魚住汎英	新生党	69,304	10.9
	野田将晴	無所属	21,831	3.4
	下城正臣	共産党	11,295	1.8

1993年7月19日付『朝日新聞』夕刊を参照に筆者作成。

3　全国一区の比例代表制の問題点

従って、死票を数学的な正確さで減らすためには、比例代表制をとるほかない。とはいえ、本書でも「その単位となる選挙区を分割すればするほど「死票」が出ることになる」（一四九頁）と記されている。たとえば、衆院総選挙の比例区の四国ブロックの定数は六しかない。二〇一七年総選挙の結果でいえば、得票率七・三七％の共産党には議席は配分されなかった。定数八の北海道ブロックでも共産党は八・五一％の得票率ながら獲得議席は〇である。定数二八の近畿ブロックでは、共産党は得票率九・三一％で二議席を得ている。したがって、「「死票」を少なくするという観点からは、全国を単一の選挙区とすることが望ましい」（同）という結論になる。

しかし、これでは有権者と候補者の間に大きな心理的距離感が生じてしまう。参院選の比例区は全国を一区としている。定数は九六で半数改選なので、一回の選挙では四八人が選ばれる。各政党は長い候補者名簿を有権者に提示して、有権者はその中から一人を選んで投票する。政党名で投票してもよい。これだけでも、だれに投票すればいいか迷うところだ。四六五が定数の衆院総選挙で全国一区の比例代表選挙となれば、投票ブースに候補者名簿を張りきれない事態になろう。本書が提案する、当選順位を拘束しない非拘束名簿式（参院選の比例区で実施）を採用するなら、有権者の投票への心理的負担感はさらに大きくなる。拘束名簿式に比べて候補者名を書けるメリットはあるが、全国一区で一人を選ぶのでは候補者への親近感をもちにくい。

4　ドイツの併用制の応用について

そこで本書は、ドイツで行われている小選挙区比例代表併用制の応用を提案する（一五〇〜一五二頁）。要するにこの制度によれば、地域に密着した候補者の名前を有権者は書けるし、無所属での立候補も可能になる。しかも、日本で採用されている小選挙区比例代表並立制とは異なり、比例代表制を基本とするので完全な比例代表制には及ばないが、死票はかなり少なくなる。

ただ、本書の主張ではっきりしないのは、それでも非拘束名簿式の全国一区を維持するかどうかである。ドイツの場合、一六の州ごとに各党は拘束名簿を作成する。有権者は小選挙区と比例区でそれぞれ一票ずつを投じる。当然後者は政党に投ぜられる。小選挙区の候補者は各党の比例区の候補者名簿にも必ず登載される。無所属の候補者以外は、日本の並立制のような小選挙区だけの単独立候補はない。

5　望ましい選挙制度についての私見

これらを踏まえて、私の意見は次のとおりである。

①衆院総選挙への全国一区の非拘束名簿式比例代表制の導入は非現実的である。現行の定数を基準にすれば、北海道ブロックと東北ブロックは「北海道・東北ブロック」とすれば定数は二一になる。中国ブロックと四国ブロックを「中国・四国ブロック」とすることで定数は一七になる。これは東京ブロックと同じである。こうすれば五％程度の得票率で当選者を出せる。もちろん、

全国一区に比べれば死票は増えるが、合理的死票として甘受するほかない。

②小選挙区制を併用するのであれば、比例区は拘束名簿式にして政党名を記載させるべきである。前述のとおり、ドイツの併用制では小選挙区と比例区で候補者は重複している。これを非拘束名簿式で実施した場合、小選挙区で記載した同じ候補者名を比例区の投票用紙にも書くことができる。これでは二票を行使する意味がなくなる。一方で、公明党と共産党以外の政党にとっては、二〇人前後の候補者名簿の順位付けを行うことは困難を極めよう。

③そこで、併用制の下での一票制にしてはどうだろうか。各ブロックの党公認候補者はすべて小選挙区でも立候補する。有権者は候補者氏名を投票用紙に記載する。それは個人名として小選挙区ごとに集計されると同時に、個人名を公認した政党名と読み替えて、政党ごとにも集計する。各ブロックで各党の当選者数がドント式により決まる（A）。小選挙区で当選した場合、その数（B）を（A）から差し引く。（A）―（B）の議席は、小選挙区で落選した候補者のうち惜敗率の高い順で埋めていく。異なる小選挙区での惜敗率を比較することに合理性はない。だが上記のような日本の政党の体質から、これまたやむを得ないであろう。

6　超過議席をどう考えるか

併用制の最大の不確定要因は、超過議席の発生により議員定数が選挙ごとに変動することである。（B）が（A）を上回った場合に超過議席が生じる。たとえば、二〇一七年のドイツ連邦議会選挙では定数が五九八のところ、超過議席が一一一も発生し全議席数は七〇九にまで膨らんだ。その点で本書は「超過議席を発生させることなく、比例配分の議席数の範囲内にとどめ、小選挙区でどれだけ相対的に多く得票したか（惜敗率の逆の発想）によって当選者を決定してゆく方法も考えられてよい」と提案する（一五一頁）。斬新なアイデアで一考に値する。とはいえそうなると、小選挙区得票一位が落選して、二位が比例区で当選する事態が十分に予想される。有権者の納得が得られにくいうらみは否定できない。

おわりに

紅林著の問題提起から各種選挙制度について検討してみた。小選挙区制は民意を大きく歪めるが、一票の格差も民意の忠実な反映を阻害する。格差一対二未満ならばよいと安易に妥協するのではなく、「投票価値の平等は「絶対的平等の概念」としてもっとつきつめて考えるべきであろう。アメリカでは最大で一・〇八倍の格差を超えたら是正が義務づけられる慣行がある（福田博『世襲政治家がなぜ生まれるのか？』日経BP社、五五頁）。本書の続編への課題として申し添えたい。

旧来の社会主義論を超える

平岡　厚

私は、この本の著者である紅林進氏とは前世紀末からの知合いとして、同氏の社会主義観については大体理解しているつもりであり、大筋で同意できると思っている。今回の著作は、著者が今までに書いた論文等をまとめた集大成である。

ソ連の崩壊やバブル経済の破綻に始まる激動の中で、かつてのマルクス主義のような「大きな物語」が消失し、資本主義の悪い面が表出しているにもかかわらず、それらが克服された未来を目指そうという言動は、残念ながら盛んになっていない。本書を一読して、これはそのような状況を打破することに貢献できると感じた。したがって、多くの方々、特に若い人々に是非読んで欲しいと思うとともに、著者にも是非続編を書いて欲しいと願っているので、その際の参考にでもなればと考え、以下のコメントを述べたい。

1　マルクス主義と科学、民主主義

第Ⅰ部「社会主義への理論的探究」の最初の部分で、著者は、あくまで生産手段の私有が廃絶された経済体制としての社会主義を目指す立場を堅持し、さらに、労働力の商品化を廃して労働者が企業の主人公になるには、国営計画経済ではなく労働者が自主管理する企業での下からの分権的・協議的な手法で生産を制御し、最終的には市場自体も克服して行く必要がある、と述べている。また、現在の日本のような主権在民の立憲民主制が定着している先進資本主義国から出発して、そのような社会への体制転換・革命を目指す際には、在来のマルクス主義の正統的見解にもとづく暴力革命とプロレタリア独裁（と称する強権政治）は不適当であり、立憲民主制の手続きに則り各時点の有権者の多数派の同意を得て進むべきだと主張している。ここまでは私も同意するが、在来のマルクス主義の経済分析や階級国家論をどのように批判的に摂取すべきかについては、さらに議論を深める必要があると思われる。

マルクス主義の唯物史観、すなわち「生産力の向上にもとづいて相異なる利益を持つ支配階級と被支配階級の矛盾が深まり、それが大きな変動・革命をもたらし新しい体制が出来て行く」という考え方は、歴史的決定論であると一般的に理解されている。確かに、「それまで主な産業が農業だけであった封建制度の末期に、科学技術のそれなりの進歩による生産力の発達のために力をつけて来た都市部の商工業者が、封建制からの経済的束縛を市民革命によって断ち切り、さらにその後の産業革命により機械化された工場における大規模な雇用労働が展開されるに至った。これが資本主義経済のノーマルな形成過程であり、その際に生じた生産手段を持つ資本家階級とそれを持たない労働者階級の間に相異なる利益にもとづく対立がある現象は、今現在でも存続している」という見解には説得力がある。また、「だから、搾取されている労働者階級が立ち上がり、この関係を覆滅して経済が資本家なしに動くような社会を創らなければならない」という呼びかけに呼応する者がいる（いた）のである（私は現在でも呼応する方であるし、著者もそうであるように見える）。しかし、それを歴史の客観的法則として認識することは、既に起きた或いは現在起きつつある観測可能な出来事と現時点では観測不能な未来に予想される社会的過程を、同じレベルの事象として扱うことになり、結論を断言すれば疑似科学になってしまう。どんな思想・イデオロギーでも、科学的であることは疑似科学的または空想的であるよりも望ましいのは当然である。故に、社会主義の思想を肯定する側は、「今後の資本主義社会に生じると予想される変動には複数のパターンがあり得るが、それらのうち社会主義への体制転換・革命が選択されることが、人類にとって最も望ましい結果をもたらす」という理論を構築し、また、それにもとづく体制転換・革命の過程およびその終了後の社会の青写真を、科学的合理性を逸脱しない範囲で具体的に提示すべきである。科学的社会主義を自称するマルクス主義を、疑似科学の状態から本物の科学に発展させるためには、以下のような形で、その真理観と民主主義の理念を結びつけ、生計を共にしない第三者の雇用労働を伴う私有を廃絶する志向性を導くことが必要である。

2　社会主義と市場経済

私有財産を持ちそれを利用する権利は、基本的人権としての自由権の一つであり、したがって諸人権間を調整する原理である「公共の福祉」によってのみ制限されるが、そのうちの生計を共にしない第三者の雇用労働を伴う部分は、それが産業革命により展開されて資本主義経済の生成をもたらした当初より、他の種類の基本的人権である平等権や生存権との間に緊張関係を孕んで来た。それでも、それを基軸とする経済制度（資本主義）は、生産力を順調に発展させるには非常に好都合なので、生産力が一定のレベルに達していない段階の国では必要悪であり、資本主義体制を廃止して社会主義を目指す立場の政権でも、当面はある程度そのような経済部門の存在を容認して生産力を高めて行くような発展のしかたを、政策として選択せざるを得ない（例、中国、ベトナム、最近のキューバ、NEP時代のソ連等）。しかし、生産力が充分に発達している先進資本主義諸国においては、その経済体制自体が国境内外で格差を拡大・固定して国内中間層を没落させ、民主主義の政治体制を不安定化するものになりつつある。これは、資本主義体制、すなわち生計を共にしない第三者の雇用労働を伴う私有を基軸とする経済制度自体が、必要悪から単なる悪に変わりつつあることを示唆している。次期の経済体制として、生産手段の共有を基盤とする社会主義経済の他、生計を共にしない第三者の雇用を伴わない私有を基軸とする市場経済や、「生計を共にしない第三者の雇用を禁止はしないが、そのシステムで儲かった人は損をした人に常に財産を贈与することにより、社会の全員が健康で文化的な最低限度の生活が保障されるようにしなければならない」というイデオロギーが支配する社会も、理論上はあり得る。しかし、後の二つは、社会主義のうちの既に滅亡した旧ソ連型モデルと同様に無理筋であろう。なので、結局はその時点の有権者の多数が「生計を共にしない第三者の雇用労働を伴う私有を、適当な補償の下に社会民主主義の限界を超えて全面的に廃絶すべきである」と認識し、その意思を何世代にも渡って立憲民主制の手続きにもとづいて貫徹することにより、持続可能な新しい社会主義の体制への道を開くであろう。その体制転換・革命は、産業革命のような長期的な過程であろうが、それが終了した直後の国民経済は、①管理部門が国公立持株会社から派遣された者および労働者が選出した者によって構成される独立採算制の公的セクターである銀行や大企業、②労働者が自主管理する中小の協同組合セクターおよび③発展するにしたがって①または②に誘導される個人営業的小規模私的セクターで構成される。政治制度は革命開始以前から存続している主権在民の立憲民主制であり、国定のイデオロギーは成文化されず、国家権力の表向きの中立性も無傷のままである。主権在民の立憲民主制国家について、「国家権力が表向き中立であっても、経済的支配階級が政治的・文化的にも支配するメカニズムが平常は健在である」ことのみを見て、ブルジョワ独裁（資本主義経済の場合）とかプロレタリア独裁（社会主義経済の場合）と評価することは一面的にすぎる。資本主義経済が寿命に近づいた状態では、労働者階級を主な基盤とする政治勢力が、その時点の有権者の多数の支持を得て合法的に政権を奪い、その後の選挙でも長期間に渡って全体として順調に勝ち続けて変革過程を進め、最終的に社会主義経済の立憲民主制国家に達することが、必要かつ可能になる。無論、今現在の日本には、そのような変革過程を開始する条件は存在しないが、その条件の創出について、第Ⅰ部の次の部分で著者が示していることが興味深い。

著者はそこで資本主義経済を変革する諸手法を論じ、その最後で非営利・協働セクターの役割について言及しているが、その中で生産手段の私有や利潤動機にもとづかない事業を実際に立ち上げて成功裡に運営して行くことの意義を強調している。体制としての資本主義が未だ健在である状態で、そのようなことを行うには、当然多大な困難を伴うわけであり、事実、後に書かれているスペイン・モンドラゴンで生じたような問題点が当然に起こり得る。それらを一歩後退・二歩前進しながら対処・克服して存続・発展して行く事業所の出現・増生は、その時点の有権者多数の意識を親社会主義的にする効果を生むことが期待できる。村岡到氏が以前から「社会主義を目指すためには、政治権力を奪取する前に、社会主義への政治的・経済的・文化的な接近という状況を創り出す必要がある」と主張しているが、これがその内実の一つではないかと思われる。私も、どちらかというと政治権力の獲得という目標を重視しがちだったので、この点でよい指摘を受けた。

今後、労働者が自主管理する事業所が普通の私企業と市場で競争して勝ち易くなるような社会の変化を起こせるかが鍵であるが、大量生産・大量消費の推進を前提とする経済が存続していると難しいのではなかろうか。現状は、新自由主義的な強欲資本主義からよりましな状態への移行を目指す政権を樹立するため、幅広い政治戦線の構築が先ず求められている段階である。

その次のベーシックインカムについての議論にも、基本的に異議はない。特に、在来のマルクス主義の「社会主義社会がさらに発達して共産主義社会に達すると、労働に応じてではなく必要に応じた分配になる」という考えについて、「必要に応じた配分とは、各人が欲しいものが何でも手に入るのではなく、必要であるとの社会的合意にもとづいて配分されるということである」という提起は有意義である。ただし、村岡氏が提唱している「生活カード制」に関する具体的論議は、体制としての資本主義が健在である現状では時期尚早に感じられる。私も、市場経済は永続させるべきではなく、また、市場を止揚する手段として国営計画経済は否定するが、生産手段の私有を廃絶することと市場を止揚することを、一応は各々分離した段階とみなしており、先ず世界的規模での資本主義から市場社会主義への移行を目指すべきであると考えている。その点で、中国、ベトナム、最近のキューバのような旧来型社会主義諸国の生き残りである開発途上諸国の、「当面は、少なくとも建前上は最終的には社会主義を目指す立場の統治政党の一党独裁の下で混合経済で進む」という行き方の評価についての論議が必要である。私の意見は以下のとおりである。

社会主義を目指すことを山に登ることに、また各国を登山者にたとえると、登頂に成功するためには、山の中腹にあるベースキャンプである「資本主義的経済部門の補助を必要としないほど高い生産力を持つ市場社会主義の立憲民主制国家」の位置に、登山者全員が先ず集結する必要がある。そこから山頂の共産主義社会へは、全員一緒に昇り同時に到達することになる。主権在民の立憲民主制国家である先進資本主義諸国は、未だ山に登り始めてはいないが、正規の登り方のための登山道に通じる山麓の道を歩いている。旧来型の社会主義諸国は、正規の登山ルートをはずれて断崖絶壁を強引に登りはじめた例外的な登山者であり、その多くは結局は転落してしまった（旧ソ連、東欧諸国等）が、一部（中国、ベトナム、キューバ）は、山を下りない範囲で標高を下げながら山麓の道と並行に進んでいる。彼等が、革命によって中断された開発途上国の通常の資本主義的発展の再開という事態は最後まで避けながら生産力を充分に高め、資本主義的経済部門の除去と立憲民主制国家への変身を果たして、ベースキャンプに達することを期待し、応援したい（彼等のそこへの到着は、現・先進資本主義諸国の大勢よりは遅くなるだろうが）。山中を徨う北朝鮮は、ベースキャンプへの道を見出す可能性はなさそうなので、一度下山して（韓国へ吸収されて）、統一朝鮮として正規ルートでの登山を目指すしかないであろう。

3　民族問題と文化的自治

「マルクス主義と民族理論・民族政策」の部分で著者が紹介している、オットー・バウワーらオーストロ・マルクス主義派が提唱した「文化的自治」、すなわち「個人の自主申告にもとづく民族ごとの台帳を作成し、地域とは独立な民族ごとの公共団体に民族の文化行政を委ねる」という案は、今日の民族問題についても貴重な提言になり得るであろう。しかし、著者が文化の中での宗教の位置づけをどう考えているのかが不明である。私は「各人の諸宗教や無神論に関する立場は、国・地域、人種、性別、門地、その他すべての属性から独立した純粋な個人に帰する」という原則が、民族の文化的自治の中でもあくまで守られるべきであると考える。

「文化的自治」の概念は、民族問題だけでなく、日本の天皇制の扱いにおいても、直ちに普通の共和国にすることが未だ困難な時点での過度的措置への応用が可能であると思われる。例えば、村岡到氏が主張する「文化象徴天皇」に近い発想であるが、任意加入する会員の会費と日本共和国政府からの補助金で運営される半官半民の団体が、当該団体が天皇と認定した人物を日本文化の象徴として関連諸事業を行うことが考えられる。無論その場合でも、現在の天皇家・皇族の子孫諸個人の日本共和国市民としての基本的人権（職業選択、居住移転、思想、信仰等の自由）の保障が、当該事業よりも優先されるのは当然である。

4　その他

第Ⅱ部では、民主的な選挙制度を追求する立場から、比例代表制を中心とする選挙制度が提唱され、また、上田哲氏の小選挙区法違憲訴訟を紹介している。この部分にも大筋で賛成であり、現行の小選挙区比例代表「並立制」をドイツ型の「併用制」に変えることを目指す野党共闘が必要だと思う。

このように、社会主義に直接関係はないことを含め、論議すべき重要な課題が色々あるので、続編においても触れて欲しいと思う。それらは、先述の天皇制の問題の他、現行憲法九条と自衛隊にどう向き合うか、また、著者が唱える民主制の下での社会主義的変革の過程で重要な役割を果たすべき日本共産党の今後改善すべき点や堅持して行くべき点についてである。

ネットワーク時代の社会主義論を

平松民平

1　本論の概要と意義

著者は「あるべき未来社会は、まさに民主主義を通して、人々の選択によって決めてゆくべきもの」とした上で、未来社会＝社会主義、と躊躇なく語っている。

著者は、現代資本主義がマルクスの『資本論』当時あるいはロシア革命時と比べて不変なところと変化したところを以下のように捉えている。

- 経済は不変→資本主義の本性は不変→だからマルクス経済理論は有効で社会主義が必要。
- 政治は変化→民主主義は進化→革命理論は変革されるべき→非暴力、則法、直接民主制、熟議など。

変化した政治状況（民主主義）を活用して変化していない資本主義の社会主義への変革（生産手段の社会化・労働者主権、労働力商品化の廃絶・自由市場でなく計画化）を目指すべきとしている。これ自体は伝統的な社会主義と変わらないけれど、本論は著者がこれまで格闘してきた社会主義探究の到達点であり、ソ連などの失敗から信頼を失って遠ざけられていた社会主義の再提起である。現実社会主義の失敗が単なる失敗以上の、理想に到達できなかったという以上の、意図とはあまりにも真逆な人間抑圧体制に至った失敗だったゆえ、未来社会としての社会主義の再提起にはかなりの工夫と信念が要ると思われる。著者の社会主義の再提起の信念は、何よりもまず社会主義への愛情から生まれている。この社会主義への愛情は資本主義の本質から生まれる非人間的側面を許さない非妥協性と、これから解放された社会を希求する善意と誠実さが源泉であろう。信念のもう一つの源泉は具体的な社会主義像の是非より、資本主義は永続するものではないとの史的唯物論への信頼であろう。この二つは多くの社会主義者が共有するものであろうし、私もここに同感する。

でも率直な読後感は「今は最大公約数のその先の探究が求められているのではないか、伝統的社会主義の枠を超えた何かが欲しい」でもある。資本主義の永続性の否定は賛同があるだろうが、その向かう先が「社会主義」であるかどうかは少なくとも国内では賛同より懐疑の方が圧倒的に多い。この状態の逆転のために再提起社会主義にはソ連の失敗を教訓とする工夫や課題が語られている。これら課題や工夫は多くの社会主義者の最大公約数として共有されている認識と一致していると思うし、同感するところが大でもある。社会主義は今はまだまとまった方向を纏める前の、比較／検討／熟議のための多様な材料、プランとして一冊に綴じる前の差し替え可能な多くの材料や作品を集積する段階であろう。

本論は触発される多くの課題を含んでいて、その先への出発点としての意義は大きい。

私も、紅林著作に触発されて、その先の議論の材料の一つとなれることを願って私見を提示してみたい。

2 生産力基盤との接点を意識した社会変革の議論を

冒頭に「あるべき未来社会は、まさに民主主義を通して、人々の選択によって決めてゆくべきもの」とある。しかし未来社会、次の社会は人間の意思によって自由に作りうるものではない。時代制約、土台たる生産力の到達点を材料として、その材料を使って社会は設計され作られる、それが史的唯物論の認識だろう。石器時代には現代民主主義は存在しえない。人々の選択によって作り上げられる社会は人々が意識するしないにかかわらず生産力基盤で限界づけられた社会である。しかるに近年の未来社会論はアソシエーションなど上部構造に関しても、生産力の分析の接点が薄い議論になってはいないだろうか。

生産手段の社会化も、人々がそのように決心したら意志の力で選び取ることができるわけではない。生産手段の社会化はそれが経済的に、つまりその生産力にとって合理的な生産様式となった段階ではじめて実現できるのではないか。

例えば近年のフリーソフトウエアの台頭はこのことを示している。コピーレフト思想に基づいたフリーソフトウェア運動は一九八四年にアメリカで始まった。「ソフトウェアは特定の国・企業・団体・個人の所有物ではなく、人類の共有財産であり、誰でも開発・供給に参加でき、誰でも自由に使用できるもの」という理念で、著作物を著作者個人の所有物とするより不特定多数の者が利用できるようにした方が技術向上と発展にとってメリットが大きく、その恩恵を皆で享受できる、つまり合理的であるという現実に支えられている。具体的には「コピー禁止」の禁止、「コピー制限」の制限、など「コピー禁止の自由」を制限することによる自由（無料という意味でない free）の確保で、著作権の放棄でなく、むしろ著作権者による強力な著作権行使「俺の著作物はコピー禁止を言う者には使わせない」でもある。資本主義の最先端であるネットワークの上で共産主義的な生産、流通様式が形成されている。このことを嫌う産業界から反発と抵抗があった。

生産力の質的発展（進化）の到達点として、非物質化した生産物であるソフトウエアがあり、この生産物はリンゴと違って分けても使っても減らない、私有による排他的競争より共有による協調的競争環境の方が個にも全体にとってもメリットが大きいから、つまり「私的独占的所有と市場」に適合的ではないから、フリーソフトウエアが生産と流通の新しい様式として導入されてきた。著作権が公開を条件に著作者の独占的所有権（利益）を認めてきたことに対比すれば、共同利用を条件に著作権を認めるという一見矛盾するこのやり方はマルクスの「生産手段の社会的共有に基ずく個体的所有の再建」そのものでもあろう。現代の生産力を形成する主要な要素でもあるソフトウエアはマルクスの視野には全く存在していなかった生産物であり、この生産力を組み込んだ社会変革の理論化は我々の仕事である。著者は経済学においてはマルクスの輝きが失われていないとしているが、今日の生産力はマルクスの知るところではないし、その生産力によって次の社会がつくられるとしたら、その改革はマルクスを超えた今日的課題である。マルクスの使えるところと使ってはイケナイところの峻別が必要だろう。さらに言えば次の社会を論じるには「価値ある社会は何か」の選択と、現代社会の生産力の分析を背景にした「その社会は存在可能か」の両面のチェックが要る。上部構造の探究に偏った社会変革の理論は史的唯物論への反逆でもある。反逆もアリですが、生産力など物理的基盤との接点が薄い改革論は実質的には精神論に向かう心配がある。ほぼマルクスと同時代に生きた二宮尊徳も「価値ある社会と存在できる社会」についてこういっている「道徳なき経済は害悪、経済なき道徳は寝言」。

3　否定と肯定の間のギャップ

著者は資本主義の害悪の根源を生産手段の私有と市場に求め、その廃止と取り換えがイコール社会主義であると捉えている。資本主義の否定（廃絶）と社会主義の肯定（建設）の間にはギャップがあると思う。

現状の否定から未来（肯定）に向かうに当たっては例えば「ポピュリズムの問題点はその不安や不満が『敵を取り除けば解決する』という二〇世紀的な考え方に縛られていることだ。貧困があるからと言って資本主義をなくせば問題が解決するわけではない」（パスカル・ペリノー／パリ政治学院教授）や「ソ連建設当時は、反資本主義が第一でそれ以上の設計図やプランは存在していなかった、肯定的な形での社会主義の検討はできなかった」（岩田昌征）などの指摘に注意すべきである。「資本主義の廃絶と社会主義の建設」は破壊から創造への過程でそこには連続と断絶がある。資本主義の中で発展してきた、次の社会の新しい核となるべき要素を最大限に引き出しながら資本主義の古い核となっている部分を廃絶、転換するのが筋で、資本主義の否定に熱中する余り次の社会を担うべき肝心の中心部分を掬い取れなかったり殺すことになっては本末転倒である。マルクス主義運動の重心は資本主義の否定に偏りすぎていたと思う。

ソ連の経験は、「生産手段の私有の否定」「利潤動機の否定」「市場の否定」と引き換えに全体主義に至った可能性もあり、害悪の元凶と思われたものの否定と除去がより大きな災害を招くかもしれないことを示している。これもロシア革命から学んだ重要な否定的な教訓の一つだったはずである。反〇〇は出発点だけれど、今はその先の肯定形での吟味がもっと求められているのではないか。日本共産党指導部も資本主義の廃絶の根拠を「利潤を最大の動機とする社会だから」と否定形でしか語っていない。否定形での発想は、非人間的社会への告発としての社会主義者の一貫した姿勢に根を持つので、これ自体は正当で意味があるけれど、次の社会を語るには否定形とは少し位相の異なった発想が求められる、未来の選択を否定形の発想にゆだねることは安易で危険との自覚が必要ではないかと思う。

4 資本主義を消滅すべきものと捉えることの意味

著者は資本主義は政治面と比べて経済面ではロシア革命後、今日まで根本では不変で、労働環境や生活の圧迫や環境破壊を含めた様々な害悪が進んでいると捉えている。これが資本主義は廃止／消滅させるべきもの、との著者の主張の根拠となっている。しかし現実資本主義については不変なところと変化しているところ、両面を丁寧に見るべきと思う。

• 生産手段の私有（自由な裁量権）と市場（競争）は規制下にあって私有も市場も「自由」ではない。

• 生産力の質的な変化（情報生産）はマルクスの視野になかった→マルクス経済学の有効性の要再検討。

資本主義を消滅すべきものと見ると、資本主義の胎内で起きている量的／質的変化、場合によってはは資本主義そのものを覆すことになる変化を見落とすかもしれない。マルクス主義者ではないリフキンの語る資本主義理解——「資本主義体制を蝕んでいるのは資本主義を支配している動作原理そのものの劇的な成功の結果にほかならない。資本主義はその核心に矛盾を抱えている。資本主義を絶頂へと押し上げてきたその仕組みが今やこの体制を破滅へと急激に押しやっている（限界費用ゼロ社会）」——は生産力ベースでの社会発展理解においてマルクス主義そのものである。かえってマルクス主義者が「資本主義＝消滅する対象」として観察が疎かになり「あるはずのものがない、ないはずのものがある」の変化に気づかない、現実を見る鋭敏な感覚が鈍っているかもしれない。だから資本主義を不変と見ることには慎重であるべきだ。

私には以下の両者がどう違うのかがよく分からない。

①改良版社会主義→市場容認＋完全計画化の放棄、下からの計画＋生産手段の社会的所有に多様性

②改良版資本主義→市場の規制＋完全自由市場の放棄＋生産手段の私的利用に社会的制約

資本主義の限界なき改良で量から質への転換に到ることを想定した改良版資本主義と、社会主義の失敗を織り込んだ改良版社会主義と、同じ峰にたどり着く集中登山なのか、それとも別々の峰にたどり着くのかも論じたい。

5　社会主義と分配論

「能力に応じて働き働きに応じて受け取る、能力に応じて働き必要に応じて受け取る」は資本主義が「能力に応じて働くことが出来ず、働きに応じて受け取ることも、必要に応じて受け取ることも出来なかった」のでこれの反転、否定として定式化されたものであろう。このような分配原則が社会主義、共産主義の特徴を象徴するものとして重要であるか否か。共産党の不破氏は分配原則は未来社会にとって本質的ではない、この定式化は社会主義の成果の一つの側面に過ぎず、これそのものを人間解放という社会主義の目標として掲げるのは不適切である、として綱領からここを削除した。著者はこの分配原則は社会主義、共産主義によってはじめて実現できることとして重要と考えている。両論をこう考えられないか。マルクスは前史を生存のために強制された労働、つまり食べるための労働が中心の時代として、本史を生産力増大によって必要労働から解放された時代としている。そうすると働きに応じて受け取るのは前史で、必要に応じて受け取るのは本史に対応すると理解できる。この定式化は前史と本史を峻別する認識を分配論の形式を取って表しているとも言える。この分配原理の定式化は①社会主義の目標そのものの直接的表現ではないけれど、②歴史的な人間解放の本質的理解と深く結びついている、と言える。

6　生産力の発展について

著者は「旧来のマルクス主義に強くあった生産力主義が良いとは私は思わない」と言う。生産力主義とは生産量を増大させることを念頭に置くマルクス由来の「主義」が含まれているけれど、より根源的には生産力が人間社会のベースである、との史的唯物論の認識を示しているもので、生産量増大を第一とする「主義」とは別であろう。前者は使ってはイケナイ、後者は使えるマルクスである。そもそも生産力の増大と生産量の増大とは本来は別の話でありうる。人類の進化と同程度に超歴史的に生産力は増加するけれど、生産量をどうするかは質的にも量的にも、例えば環境／人口問題を考慮しながら、その時々で最適な選択ができる。例えば現代の生産力としては原子力技術の利活用が可能であるが、それをどのように使うか、医療に使うか発電に使うかは選択の問題である。また生産力の増加は質的なものも含まれるから、それを情報など非物質的な生産財の増加に振り向ければ、そこでは自然との代謝（物質とエネルギーの環境から／への獲得と廃棄）を最小限にすることが可能である。つまり生産力の増加を生産量の増加と直結させて危険視して遠ざけるのは誤りと思う。現代社会は人間欲望の吸収を物質財から非物質財にシフトさせることが可能な生産力を持っている。分配論で検討した「必要に応じて受け取る」は自然破壊との関係で供給面から不可能との反駁があるけれど、自然破壊の最小化と両立が可能であろう。

7　民主主義には多様な形態

民主主義自体は手段であり道具なので、使い道によって多様な形態がある

・著者は資本主義下での民主主義の限界の一つに「工場の前で民主主義は立ち止まる」を挙げている。

これには①工場＝資本の住んでいる、資本が主体の搾取の場だから「資本本位主義」、②工場＝生産現場は分業に基づく共同労働の場で、そこでは個の多様性をある程度抑制した規律、場合によっては個が歯車の一つとなる労働、個の尊重への制限に労働者が同意する「納得民主主義」の二つの意味がある。

①は資本主義の消滅によって緩和されるが、資本に代わって官僚や国家など公的な権力になることに注意すべきであることを著者も述べている。②は資本の支配にはよらない、共同労働それ自身が持つ、ある程度の超歴史的側面がある。例えばユーゴの自主管理企業では自主管理による「経営と民主主義」の間にどのような困難と矛盾があったのかについての言及が欲しい。

民主主義イコール多数決とすれば、それは数が他の要素に優越するフラットな民主主義と言えるけれど、数以外の要素、多様な能力など個の要素を組み込んだ非フラットな民主主義はあり得ないのか。個の違いを生かしたダイナミックな合意の形成「君子、和を以て同ぜず。小人、同じ

て和せず」の民主主義も探究したい。そもそも民主主義は最終的な集団意思の決定段階以前の意見交流こそが大前提であって、意見交流に多数者がいかに公平に参加できるか、多様な意見を吸収できるかがポイントであろう。中坊公平氏は組織における意見交流の重要性を簡潔に述べている。「類似意見がまとまって探求と検討が深まり、対立意見との類似と相違が整理され明確になる。複数意見間で相互浸透、競争、淘汰が生じる……。この過程で少数意見も成長し、多数意見の誤りも発見修正される」。一定の水準で統一された党派内での意見の交流はこのようなものであってほしいがまだほど遠い。ネット社会はこれを可能にする、言論生産の新しい生産力基盤なのだから、これを生かした新しい民主主義も生み出せるのではないか。

・著者は「実質的に平等な政治参加、民衆の積極的な政治参加をよりしやすくし、それを発展させるのである。それには当然、直接民主制的要素も大いに取り入れるべきであるが、大規模な社会にあっては、すべてを直接民主制で行うことは不可能であり、代議制度自体は必要かつ有効である」と述べている。直接民主主義は代議制の間接民主主義より好ましい、基本的には良いものと捉えているように思う。近年のポピュリズムの台頭は直接民主主義が生み出した一つの側面であり、民主主義の機会でもあるし危機でもあると言われている。専門家を含む代議制（間接民主主義）はポピュリズムの暴走を抑制する機能も持っているので、直接民主主義より劣る、やむを得ない制度ではない。文化大革命もナチスも権力者が議会などでの議論をスルーして、直接に大衆を扇動する道具として直接民主主義が使われた。またネットワーク時代の多数意思の集約のあり方にも大きな課題がある。直接民主主義が参加者全員の個の意思の最も正確な一対一集約であるとすれば、ネットは究極的な直接民主主義を実現するものでもあるけれど、ネットでの個の意見の集約がネットによって熟議と専門家のチェックを素通りして実体を超えての雪崩的増幅拡大＝炎上をもたらすこともある。小選挙区制の「少数でなくても、半数に近くても」切り捨てる、四捨五入的多数意見の集約も問題だが、それとは逆のネット空間による超大選挙区（一国一区）は多数意見の直接的集約として、熟議を素通りした加速度的な雪崩的増幅拡大（炎上）によるキレた世論の形成の可能性もある。

• 民主主義の土台は自由な言論交流だが、ネット時代によって言論交流が資本の支配から脱しつつある。言論の拡散／蓄積／伝搬には放送や出版など一定の物質的基盤が必要であり、言論がこれら物質的基盤の所有者（資本や国家や党）の支配下にあった。しかし現代では言論はインターネット上で非物質に近い状態で流通し、個の意見のグローバルな発信も物質的制約から解放されている。これは社会変革としての革命の在り方もマルクスが描いていたものとはかなり違うものとなっても不思議ではないだろう。言論の生産と流通の新しい物理的基盤の上に新しい民主主義が形成されるのではないか。

どんな運動を通じて社会主義へ進むか
——論考と実践検証を積み重ねた好著

丸山茂樹

若い世代の人びとは学校で長い時間を過ごす。学校とはどんな場か。関西学院大学の貴戸理恵さんによると「競争する。勝敗が決まる。結果を『自分に能力があったら』あるいは『自分が至らなかったから』と引き受ける。つまりそういう場である。学校で過ごす長期間を経て、子ども・若者は「優勝劣敗、負けたら自己責任」と見なす姿勢を身につける。……過去二五年、若者の非正規雇用率は増加傾向にあり、低学歴者ほど、女性であるほど、その傾向は強い。『社会構造的要因』を示す、そんなデータを見せてもなお上記のように言う」と語る。

大学の学生たちに「未来社会についてどんな議論をしているか？」と聞くと、そもそも未来や社会について、集い語る時間や場が殆どないという返事が返ってくる。大学教員たちも同じことを言う。「何年頃からですか？」と問うと、返事はまちまちだが、小泉純一郎内閣のころではないかな、つまり竹中平蔵氏などが規制緩和、郵政民営化、人材派遣業を大幅に増やす政策をとった時期からと感じている人と、もっと前の一九九〇年代初めのソ連社会主義体制の崩壊とバブル経済の破綻の時期とする説、さらにもっと遡って一九八〇年代の新自由主義が勝利し、日本の中曽根、イギリスのサッチャー、アメリカのレーガン政権が登場した時代からだという意見もある。

時期はともあれ貧富の格差、環境破壊、差別や戦争、人間性やモラルが喪失している現代の資本主義社会を変革して、未来を切り開こうとする論議が委縮している現実がある。

こんな状況へ一石を投じたのが本書であると思う。本書は、「第Ⅰ部　社会主義への理論的探求」「第Ⅱ部　民主的選挙制度を求めて」の二部からなっており、第Ⅰ部では「社会主義社会をどのように構想するか」「社会主義的変革の可能性と困難性」を論じている。

著者の紅林進氏の基本的なスタンスは「社会主義の実現は必要である。社会主義のメルクマールは生産手段の私的所有を社会的所有に移し、労働力の商品化を廃絶し、剰余労働、剰余価値の搾取をなくし、労働者が生産現場の主人公になり、そして生産、経済の運営を意識的計画的に行うことと考える」のである。

そのうえで著者がこれまで変革の運動の一翼を担うと考えてきた「ベーシックインカム論」、「生活カード制論」、労働者生産協同組合の成功した実例として知られているスペインの「モンドラゴン協同組合・企業グループの経験と遭遇した困難」についての論考、「マルクス主義と民族理論・民族政策論」について年来の持論を展開している。

第Ⅱ部では、現代日本の変革にあたっては「民主主義を通して人々の選択によって決めてゆくべき」であるという立場から「民主的選挙制度を求める」運動について、民意を忠実に反映する選挙制度を実現するための提案をしている。著者の意見は「完全比例代表制と大・中選挙区比例代表併用制」である。また小選挙区制違憲裁判を行った上田哲氏の訴訟の経過と結果を述べて正面からの判断を避けた最高裁批判を行っている。

本書で述べられていることは著者が長年にわたり研究し、直接活動に携わりながらの論考であり、それぞれに興味深い論点である。賛否はともあれ、困難な政治的、経済的な情勢の中で、光明を見出すべく論議のテーマを提供してくれていることを高く評価したい。

同時に現代社会の矛盾や危機が地球規模の危機のもとに起こっていることを考えると、評者としては未来社会を「社会主義的変革」に止まらない全地球規模の政治、経済、社会、文化、生活世界の大転換、すなわちエコロジカルで多様な価値に寛容で持続可能な新しい文明創造としての変革に深化させてほしいと願うものである。

著者が論じてきたスペインのモンドラゴン協同組合・企業グループは、スペイン・バスク州政府、ビルバオ市、モンドラゴン市と共に二〇一八年一〇月一日〜三日に全世界の社会的連帯経済の諸団体、それを支持する地方政府、研究者たち数千人を招いて第三回社会的連帯経済フォーラム大会を開く。著者がさらに視野を広げて地球規模かつ新文明創造の営みに論点を進めることを期待したい。

〔本稿は、「図書新聞」二〇一八年一月二七日号掲載を著者の了解を得て収録する〕

共有できる論点とさらに深化すべき論点

村岡　到

本書の刊行をまず歓迎する。著者の紅林進氏は小選挙区制に反対する市民活動などで協力しあってきた仲で、社会主義理論学会でもともに委員として活動している。その彼が『民主制の下での社会主義的変革』という骨太のタイトルで一書をまとめたことは大いに意味がある。

また、本書に対して多くの方から批評が寄せられ、いわば第二弾ともいうべき著作を編集されるということで、その反響・広がりは実に悦ばしい。昨今、「社会主義」をテーマにすることは不人気となっているから、その風潮をいささかでも突破する糸口になったことは有意義である。

私は、本書の基本的な内容にほとんど同意・共鳴する。暴力革命を排して議会による変革を主張している点でも、政策的にはベーシックインカムを主張している点、さらに選挙制度の改革も重要な問題である。それらの基本的立場と主張は共通の方向としてさらに広げなくてはならない。

ソ連邦の崩壊（一九九一年末）後に、「社会主義」を再説したり、マルクスやマルクス主義を肯定的に主張する場合には、その人が一九七〇年以前に生まれているとしたら、ソ連邦の崩壊の原因やマルクス主義の責任について明らかにすることを避けて持論を書くべきではない。九一年末には成人していたからである。このことをしっかりと確認したうえで、いくつか批判的に取り上げたい論点がある。羅列的になるが、さらに論点が深化することを望みたい。

①現在の社会を変革・革命する形態について。紅林氏は本書で何度も「投票によって社会主義的変革への道を拓く」と書いているが、何故それが可能なのかについてはまったく明らかにしていない。ただ「民主制」とか「ロシア革命の時代とは状況が違う」と言うだけである。一体、何が、どこが違うのかを明確にしなくてはならない。「民主制」とは何なのか?

私は、二〇〇一年から〈則法革命〉を提起している。その根拠は、現代の政治制度にある。現代の政治制度は主要国では〈民主政〉である。〈民主政〉の核心は、「階級支配」ではない点にある。マルクス主義では「階級闘争」と「階級支配」が根本的認識に据えられているが、この認識が決定的に誤りだった。私が何度も引用して強調しているように、近代社会の政治制度の核心は、グスタフ・ラートブルフが一九二九年に「ブルジョアジーは自由を法の形式で要求したために、この自由は万人のための自由となった」と明らかにし、小林直樹氏が『憲法の構成原理』(東京大学出版会)で引用して強調しているこの点にこそある。そのことによって、法と法律に依拠する統治=〈法拠統治〉となったのである。国家権力を縛ること(これは正しい)だけを強調して、

「国民には憲法を守る義務はない」とする「立憲主義」よりも〈法拠統治〉のほうが適切である。

なお、今年一月一四日に紅林氏が社会主義理論学会で報告したさいに、フロアから大西広氏が紅林氏を批判して「プロレタリアート独裁は有効だ」と発言したが、ただ呆れるほかない。「プロレタリアート独裁が有効」だという認識を保持したまま、本書の主要な主張に同調することはできない。ブルジョアジー独裁・暴力革命・プロレタリアート独裁は三位一体であり、大西氏はこの前二者も正しいと思っているのだろうか？　大西氏は自説（ソ連邦＝国家資本主義説）の正しさをマルクス研究者の多数が支持しているからだと主張しているが、「プロレタリアート独裁」は今や新左翼党派の中でもごくわずかしか主張していない。ラートブルフは、『社会主義の文化理論』の一九四九年版の「あとがき」で「われわれは……独裁はたとえそれがプロレタリアートの独裁と呼ばれようと全くこれを望まない」と批判した。

②ベーシックインカムについて。私はこのカタカナ言葉が流行る前、一九九九年に〈生存権所得〉を提起した。このほうが、憲法第二五条を連想できるし、日本語でもある。さらに二〇一〇年には「〈生存権所得〉の歴史的意義」で、この問題でもっとも重要な、生存権所得の財源をどうするかについて、〈雇用税〉を創出することを提案した。仮に生存権所得を月：一〇万円とした場合には、労働者を雇用する資本家や自治体・国家などは、月：一〇万円の雇用税を国家あるいは地方自治体に納税する。これまで月給二五万円の労働者は賃金として一五万円受け取り、生存権

所得を一〇万円支給される。こうすれば、財源の多くはカバーできる。小人は月・七万円とすると、年間予算総額は約一三〇兆円。その半分は雇用税で賄える。ボーナス分はどうする、とか納税の手間などの問題が起きるが、生存権所得という画期的な制度の創設にとっては小さな負担である。紅林氏は「所得税の累進強化」「資産課税の強化」にだけ言及しているが、ぜひとも検討してほしい論点である。

また、私は何回も引用しているが、カール・ポラニーは名著『大転換』(東洋経済新報社)で「賃金制度と『生存権』の共存が不可能であること、言い換えれば、賃金が公共の基金から助成される限り資本主義的秩序は機能しないということ、これほど明白なことはない」(一〇九頁)と明らかにしていた。つまり、ここに〈労働力の商品化〉を止揚する筋道がある。このポラニーの要点を引用する例を見たことはない。先行者あるいは先駆者から学ぶ作風が著しく弱いことも、日本の左翼運動の伝統的弱点のようである。

なお、ベーシックインカムはフィンランドやオランダで国家的規模で実験されている。

③マルクス主義では、マルクスの『共産党宣言』いらい、「まず政治権力の獲得」を主張してきたが、ここにこそ決定的な錯誤があった。私は、一九九七年に「『まず政治権力を獲得』論の陥穽」でその限界を詳しく解明して、「社会主義への政治的・経済的接近の形態を探る」ことが必要だと明らかにした。のちに「文化的接近」も加えた。それらの政策的内実を埋めることは難儀な

課題であるが、この視点を確保すると、ベーシックインカムや国際連帯税などについても積極的に評価し、その実現のために努力するようになる。

なお、先の出版記念討論会で「ルールある経済社会」が論点となったが、綱領改訂を主導した不破哲三氏はその直後に、「国民と大企業が共存する経済社会の実現が、この経済改革の目標です」と説明した（『新・日本共産党綱領を読む』二〇〇四年、二九二頁）。つまり「資本主義の枠内」での改革なのである。

④私たちが目指すべき〈社会主義〉をどのように構想するかについては、私は〈協議経済〉として提起している。これはマルクスの『資本論』フランス語版でマルクスが書き換えた「協議した計画に従って」にヒントを得て提案したものである。同時に〈生活カード制〉がその柱である。紅林氏は「〈生活カード制〉の意義と懸念」で取り上げて検討している。〈生活カード〉は、蓄財機能を核心とする「貨幣」に代わる交換手段であるところに特徴と意義がある。

一九九一年末のソ連邦の崩壊によって、「社会主義の敗北」「失敗」が安易に語られているが、ソ連邦を社会主義と認識することの是非は、崩壊のはるか以前一九五〇年代から問われていたのであり、トロツキズムの洗礼を受けた者は、社会主義ではなく、「過渡期社会」とか「官僚制国家」と表現してきた。私はソ連邦などを〈社会主義志向国〉と捉えることが活路だと考えている。どういう言葉で規定するかは別として、もっとも大切なことは、社会主義を志向してきた歩みからいかなる教訓を掴み出すかなのである。一例しか上げる余裕はないが、ロシアでなお社会主義をめざして健筆をふるっているアレクサンドル・ブズガーリンは、「確かにソ連には強制収容所もあったが、カネがすべてだとは考えず、社会のために献身的に奉仕する新しい人間が生まれたことも事実だ」と明らかにしている（季刊『フラタニティ』第一〇号：五月刊。岡田進氏が訳出。ついでながら、私たちは彼を二〇年前に招待して講演会を各地で開催したことがある）。

さらに、社会主義が実現すべき基軸的要点は〈友愛〉であると、私は強調するようになった。フランス革命の周知の標語は「自由・平等・友愛」であるが、日本国憲法でも日本共産党の綱領でも友愛だけは登場しない。その欠落の意味を考えることが大切である。

⑤マルクス主義、あるいはマルクスをどのように評価したらよいのか、これまた大きな問題であるが、紅林氏の評価はなお曖昧である。

例えば、紅林氏は、『ゴータ綱領批判』の周知の「各人は能力に応じて働き、労働に応じて受け取り、共産主義の高次の段階では、各人は能力に応じて働き、必要に応じて受け取る」を取り上げて共産党の不破哲三氏を批判しているが、このマルクスの想定自体に問題がある。分配は生産の従属関数であると考えるマルクスが分配の仕方をメルクマールにして、社会主義か共産主義かを分けて考えることが錯誤だったのである。それよりもはるかに重大な問題は、マルクスが分配を軽視したことが、ロシア革命後の経済運営の躓きに深く結びついたことである。この点をこそ切開しなくてはならない。三月二六日の本書の出版記念討論会で司会の役割りを超えて、一九二〇年代から三〇年代の国際的論争「社会主義経済計算論争」を例示してあえて指摘した通りである。ソ連邦の経済学者は「机上の空論」と反発することしかできなかった。日本のマルクス主義経済学者のほとんどはこの論争を取り上げない（例外は、伊藤誠氏と西部忠氏）。

マルクスの評価については、唯物史観の基軸とされている「歴史の必然性」認識に根本的錯誤があったことをこそ明らかにしなくてはならない。この呪縛ゆえに、〈変革主体の形成〉という核心的課題が軽視・無視されることになったのである。その一例をポール・メイソンの話題作『ポストキャピタリズム』（東洋経済新報社、二〇一七年）に見ることが出来る。彼は「歴史の理論〈史的唯物論：訳注〉においては、マルクス主義は非の打ち所がない、と言える」（一〇七頁）と書き、「ポスト資本主義への移行」を強調しているが、変革主体の形成についてはまったく無頓着である。マルクスの評価については、最新刊のブックレット13『マルクスの業績と限界』（ロゴス）に収録した「マルクスの歴史的意義と根本的限界」で詳述したので、ぜひ参照してほしい。なお、この論集には、大内秀明「晩期マルクスとコミュニタリアニズム（共同体社会主義）――マルクスとE・B・バックスとの接点」／久保隆「国家や権力の無化は可能か――マルクスの〈初期〉へ」／千石好郎「マルクス自由論の陥穽――アンドレ・ヴァリツキの所説を参照して」／武田信照「マルクス・エコロジー・停止状態」が収録されている。

⑥本書では「第Ⅱ部　民主的選挙制度を求めて」で現在の選挙制度の歪みを取り上げ改善策を提示している。この点では、まず現在の日本の政治制度は選挙制度が小選挙区制によって歪められているが故に〈歪曲民主政〉となっていると認識することが前提であり、その是正のためには〈立候補権〉を明確にすることがカギである。法律では「被選挙権」とされていて、被告、被害者、などのように受け身で消極的な言葉である。この問題で活動している市民グループのなかでも「選挙の自由」などと宣伝しているが、〈立候補権〉として主張すべきなのである。

⑦他にも、日本左翼運動の総括、日本共産党をどう評価するか、その組織論についても、民族問題、協同組合などもさらに深く論じる必要がある。民族問題では〈アイヌ民族〉が日本では重要である。また、紅林氏は取り上げていないが、天皇や自衛隊をどうするかも論じなくてはならない。憲法を正面から捉え、〈活憲〉を主張する必要がある。共産党は、綱領には書かれていない「立憲主義」と主張するようになったが、その底が浅いことは、国家官僚の忖度や不正が大問題になっている現在、憲法第一五条の「全体の奉仕者である」規定をまったく想起することも出来ず、主張しないところに現れている。

〈宗教〉も大問題である。私は、宗教については〈社会主義と宗教との共振〉を提起している。社会主義を志向して日本社会の変革をめざすためには、日本や世界の政治・経済情勢がどうなっているのかについても明確にしなくてはならない。だから、集団的・組織的努力が求められていると、私はいつも断っている。自分の非力さを嘆いても意味はないが、この領域については私は不勉強であり、切に助力を求めたい。

〈文中の論点を記述している、参照してほしい拙著〉

一九九六『原典・社会主義経済計算論争』（編集・解説）ロゴス
一九九九『協議型社会主義の模索――新左翼体験とソ連邦の崩壊を経て』社会評論社
二〇〇一『連帯社会主義への政治理論――マルクス主義を超えて』五月書房
二〇〇三『生存権・平等・エコロジー――連帯社会主義へのプロローグ』白順社
二〇〇五『社会主義はなぜ大切か――マルクスを超える展望』社会評論社
二〇一〇『ベーシックインカムで大転換』ロゴス
二〇一二『親鸞・ウェーバー・社会主義』ロゴス
二〇一三『友愛社会をめざす――〈活憲左派〉の展望』ロゴス
二〇一五『文化象徴天皇への変革』ロゴス
二〇一五『不破哲三と日本共産党』ロゴス
二〇一六『ソ連邦の崩壊と社会主義』ロゴス
二〇一七『ロシア革命の再審と社会主義』（編）ロゴス
二〇一七『「創共協定」とは何だったのか』社会評論社
二〇一八『マルクスの業績と限界』ロゴス
二〇一八『共産党、政党助成金を活かし飛躍を』ロゴス

若い世代が主役となる社会主義論を

吉田健二

紅林進さんの『民主制の下での社会主義的変革』を読みました。一言で言ってこの本に書かれていることは、おおむね妥当なことであると思えます。これまでの私の経験からあれこれ考えてきたことと、合致するところが多いのです。

自己紹介から始めます。私の考え方は、私の経験に大きく左右されているからです。

私は、一九六〇年代の生まれですが、八〇年代にマルクス・レーニン主義的な運動体に関わって人生が大きく変わりました。例えば、国鉄分割民営化反対運動に参加したりしました。自分としては、マルクス・レーニン主義との出会いはたいへん良かったと思っていて、おかげで人生を確かなものにすることができました。資本主義というものがどういうものか、自分の目で見ることができるようになったからです。雇用の場でも、消費の場でも、資本というのは金もうけ本位で、人を上手にだますことをためらいません。巧妙な資本の手口に騙されずに日々生きていく視点を持つことが、その後の人生の様々な場で役に立ちました。

私が当時関わった運動体は、国際政治ではいわゆる「ソ連派」でした。「ソ連派」の活動家には二種類あって、「ソ連共産党はすばらしい」と考える真剣なソ連派と、「ソ連共産党はよくわからないけど、便宜上とりあえずソ連を支持しておく」という「なんちゃってソ連派」です。私は、「なんちゃってソ連派」でした。「米軍基地の拡大に反対し軍縮を進めようと思ったら『反ソ』じゃ論理矛盾するよね」という現実的な判断です。

私が関わった運動体は、国内政治では共産党と社会党との統一戦線政府の実現を目指すという考え方でした。そのために、原水爆禁止運動や労働運動の場での共・社のセクト主義を批判し、民衆運動の現場で共同行動をどう作っていくかを考えていました。最近大きく注目を浴びている野党共闘の形を、以前から追求していたということです。

私が関わった運動体は、「資本主義か社会主義か」が大切であるという世界観を強調するあまり、「どういう社会主義を作るか」は全く問題にしませんでした。「とりあえず資本主義をつぶそう。どういう社会主義になるかは、今は考える時ではない」ということです。そのせいで、スターリンによる虐殺やソ連軍のハンガリー侵攻の事実を、全く無視していました。

私が関わった運動体の中では、エンゲルスの『空想から科学へ』とレーニンの『帝国主義論』がよく読まれていました。今から考えると、『資本論』を読んだ人はほとんどいなかったし、本音で言えばマルクスはどうでもよかったのかもしれません。

その後の私は、中小企業に雇われた一人の労働者として忙しく働き続けています。業種はサービス業になります。五〇代ですが平社員です。

今、労働組合の現場活動の役員をしています。二〇代の若い労働者といっしょに働き、その悩みを聞き、労働組合で解決できる問題があれば労働組合で取り組むのですが、資本主義の支配構造はたいへん分厚く、なかなか思う通りにはいかないものです。「搾取」という言葉はまったく当たっていて、ここまであの手この手を使って人を働かすかと感心するほどです。労働組合が無ければ、間違いなく過労死するか耐え切れずに退職していました。

労働組合の日々の活動をしながら、根本的に社会が変わってほしいという夢は持ち続けてきました。イラク反戦運動や脱原発運動などの場にも参加しながら、考えてきました。

北朝鮮（朝鮮民主主義人民共和国）が日本人を拉致していたことが判明したころから、かつての「ソ連派」の枠組みの思考だけでは世界は分からないと反省するようになりました。そこで、トロツキー派の皆さんの著作や、アナキストの皆さんの著作も読むようになりました。ポスト構造主義の枠組みでマルクス主義を受け継いでいる、アントニオ・ネグリやスラボイ・ジジェクなども読みました。特に、アントニオ・ネグリの『叛逆』には感銘を受けました。最近ではマルクスの時代の社会主義者ウィリアム・モリスにも関心があり、読んでおかねばならないなと感じているところです。

二年前にレイバーネットで季刊『フラタニティ』が創刊されたことを知り、購読を始めました。村岡到さんについては、その前から『社会主義はなぜ大切か』（社会評論社）、『友愛社会をめざす』（ロゴス）などを読んで知っていました。日本のマルクス主義運動体、特に日本共産党の実態について考察し、社会主義の新しい在り方について具体的に述べている村岡さんの主張は、同意できるところが多かったのです。

村岡さんが強調する〈フラタニティ（友愛）〉は、日本のマルクス主義運動体の中で軽視されすぎてきたと思います。いっしょに政治活動をする仲間に対して「組織決定だから」と冷酷な仕打ちをする場面を、私はかつて経験してきました。それは友愛精神の欠如からくるもので、これまでのマルクス主義の構造的理論的欠陥だと思っています。

『フラタニティ』に啓発されて、改めてロシア革命一〇〇年の歴史も学びなおしました。かねてから言葉だけは知ってはいた「ベーシックインカム」についても改めて考えました。そのようないきさつで、この著作『民主制の下での社会主義的変革』とも出会うことになったのです。

さて、紅林さんの本を読んでの感想です。本書は、村岡さんの主張とよく似ていると思いました。

資本主義には、はっきり言ってもううんざりです。

私の世代はまだましで、若い世代は悲惨です。今の二〇代の若い労働者は、学生時代からクレジットカードで借金漬けにされています。不当に高い利息を払わねばならないリボ払い契約をさせられてしまい、いつまでたっても借金が減らないのです。これは本人の不注意なのでしょうか。社会での賢い生き方を学校では教えてもらえず、スマホを見れば資本の甘い罠ばかりが目に飛び込んでくるのです。借金を抱えている状態で就職し、日々の生活費も確保しないといけない。しかし非正規雇用だから、どうがんばってもお金が足りないのです。

若い世代にとって、賃上げは絶対に必要です。では、会社経営に金があるかというと、一部の大企業を除いて、ほとんどの中小企業は大赤字。銀行が経営のすべてを支配していて、利息を吸い上げていくので、賃上げの議論どころではないのが現実です。銀行（金融資本）の支配力は強力です。

ああ、これが資本主義か、と痛切に感じます。大企業と投資家に最大限の利潤を保証する「新自由主義」という資本主義の形は、とりわけて残酷です。少なくとも「新自由主義」は終わらせねばなりません。それが人類生存の道です。

「ポスト・キャピタリズム」つまり「脱資本主義」の社会はどんな形であるのか、どんな道筋で実現していくのかを考えます。紅林さんの本は、それが社会主義であるとしたうえで、現在の時点で考えうるその内容を具体的に表現していると思います。

ただ、「脱資本主義」がイコール社会主義であるのかどうかは、議論が分かれるところだと思います。

ナオミ・クラインのように、「新自由主義とは違った、よりましな資本主義の形」がありうるという人もいます。生産手段の私的所有を認めつつも、社会に迷惑をかけるような儲け方は違法行為であるとして法によって資本を取り締まるということだと思います。

かと思うと、アントニオ・ネグリやスラボイ・ジジェクのように、「社会主義は終わった。私たちが目指すものは共産主義だ」と、社会主義を否定して直接に共産主義に至る道を提案する人もいます。欧州では、現実に存在した社会主義体制への失望が大きかったからでしょうが、日本の私たちには理解するのが難しい考え方です。

また、ウィリアム・モリスのように、マルクスを受け継ぎつつエンゲルスやレーニンとは違う形の社会主義を提唱する人もいます。モリスの発想は、労働者協同組合やＮＰＯなどで儲け主義とは異なる事業を目指している人たちに、受け継がれている気がします。

「脱資本主義」に至る道の在り方も、議論が分かれるところです。

ロシア革命のコピーのような形で資本主義が終わることを想定するのは、明らかに間違いです。一〇〇年前の革命時のロシアのような、金融資本と国家権力が弱体化した状況は、今ではあり得ないわけですし、そのような窮乏化を望むこともできません。「内乱から革命へ」ではなく、紅林さんのおっしゃるように、民主制の下で民主制を発展させる形で資本主義を終わらせていくべきです。

次に、資本主義を乗り超えていく社会での経済的分配の形についてです。

「能力に応じて労働し、労働に応じて分配される」のが初期の社会主義で、「能力に応じて労働し、必要に応じて分配される」のが発展した共産主義だという言い方は、今では通用しない教条のように思えます。労働したくてもできない障碍者のことを考えれば、必要に応じて分配するのが当たり前だし、苦労して労働する労働者のことを考えれば、労働に応じて分配するのが当たり前、どちらが先か後かではなく、どちらも正しいように思うのです。

私は、ベーシックインカムを前提にするべきだと考えます。その上で、労働力提供に対する対価の賃金の額は、同一価値労働同一賃金で決定するのが望ましいと考えます。安倍政権が提唱する「同一労働同一賃金」は資本の側から見ての「同一」なので、そうではなく労働者側からみた「同一」を採用すべきです。ＩＬＯ一〇〇号条約で規定されている「四分野の職務評価に基づく同一価値労働同一賃金の判定基準」が良いと考えます。

日本的な年功序列賃金制度は、正社員が一つの企業に忠誠を誓う代わりに一生の生活を保障されるという制度であり、実態としては労働者の自律を妨げてきました。パート労働者など非正規労働者との差別賃金という点でも、年功序列賃金制度は誤りです。日本の労働運動の先輩方に背いてしまうことになるのですが、誤りは誤りだと認めるべきです。

私としては、労働組合が民間企業職場で大きな力を持ち、企業を民主的に規制していけるようになって初めて、「脱資本主義」に向けて動き出せると思います。国家による上からの統制と、職場労働組合による下からの統制の両方があってこそ、企業の運営を民主的に矯正していけます。そして、望ましい労働組合の形を作るためには、金銭を要求する利害での団結だけではおぼつきません。労働者どうしが友愛の精神で団結していくことが必要になります。疎外された労働からの解放は、友愛に基づく協働を通じてなされるはずです。

脱資本主義の新しい社会の形を何と呼ぶのがふさわしいのか。紅林さんはそれを「社会主義」と呼びます。私も二〇世紀の人間ですので、今のところ「社会主義」以外の良い呼称を知りません。しかし、それを何と呼ぶかは私のような世代ではなく、二一世紀の後半を担う世代が考えて決めていくべきことのように思われます。革命の主役は若者です。熱のあふれる若い世代に期待します。

具体的な提言が変革への勇気を生み出す

吉田万三

旧ソ連の崩壊は、素朴に社会主義の明るい未来を信じていた私にとどまらず、人によって濃淡の差はあれ、心の深いところが傷つくような出来事であった。著者も、「かつて『社会主義』を叫んでいた人々もめったに『社会主義』とは言わなくなった」と指摘する。その後の社会で喧伝される未来社会像といえば、効率よく金儲けするような話ばかりが目につく時間が長く続いた。

しかし新自由主義の弊害が顕在化し、水野和夫氏も言及するような資本主義の終焉や地球規模の限界が見えてきた中で、その先を語る著者のような人間が現れてきたことは、時代の必然かもしれない。しかも在野の民間人である。大谷翔平とは違う意味で、真正面から社会主義的変革を掲げて直球を投げ込んだ紅林氏の志に、私は賛辞を送りたいと思う。

私は、このような提言には二つの意味があると思う。第一に、こうした議論の蓄積は、即効性はないものの将来必ず生きてくるものである。地方自治の分野でも、地道な自治体研究や財政分析が行われているが、この内容は自治体改革のカギとなるポイントを示すものである。実際には、なかなか首長選挙で勝利するまでには到達しないため、批判の武器にはなっても、それが実体化して日の目を見るまでには至らないことが多い。

ところが、たまたま首長選挙で勝った場合どのようなことが起きるのかといえば、私の経験からしてもこの程度の一般論的シュミレーションではなかなか現実に追いつかず、かなりの創造的模索が求められることになる。その努力を怠れば、あっという間に従来の強固な行政システムに取り込まれていくしかない。風に乗って当選し、いつの間にか変質してしまう首長というのもよく見かける光景である。

だからこそこの議論の蓄積は、この創造的模索に不可欠な確かな足場となるものである。国家レベルの話でも同様に、左翼的政権が生まれた国々でも、グローバル資本主義の中での経済運営に悪戦苦闘している姿はそれを示している。もちろん様々な外圧の中での困難さは差し引いてもである。

第二に、こうした議論の活発化は、現実の社会変革をめざす諸運動の共通項を探ることにもつながり、一致点を見出し協力の動きを加速させるものになるはずである。

著者は社会主義への理論的探求として、原理・原則論、具体的手法としてのベーシックインカムや生活カード制、モンドラゴン協同組合を例にとった社会的協業の経験、と論を進めているが、いずれも、私たちが社会の将来像を検討する上での大切な視点を提示してくれている。

ベーシックインカムについては、もとより私は懐疑的で、医療・介護、教育などの無償化や住宅等も含めた社会保障の充実こそ優先事項という立場である。著者もそのことは十分理解の上で、技術的活用の可能性を語っているようだ。ただ技術的問題にとどまらない問題として、資本主義に不可欠の減価しない蓄積可能な仮想通貨なども含む貨幣の問題があり、その対立物としての生活カードや減価する地域通貨などの問題は、今後の研究課題なのだろう。

また著者は、「ルールある資本主義」と「社会主義」の関係にも言及している。国民に理解しやすい政治的スローガンとしての有効性は別にして、堂々と将来の社会像としての「社会主義」を語ろう、ということなのだと思う。社会的協業や民族問題など著者の関心は広がっているが、そのどれもが更なる探求の課題である。

いずれにせよ、「資本主義に代わる社会を作れるのだということを多くの人々に実感してもらうことが必要」という問題意識は、大いに同意できるところである。

『民主制の下での社会主義的変革』出版記念討論会の報告

三月二六日、紅林進『民主制の下での社会主義的変革』出版記念討論会「社会主義って何だ、疑問と意見」が、ロゴスの会主催で、文京シビックセンターで開催された。参加者は二八人。司会は村岡到氏（『フラタニティ』編集長）。

最初に著者の紅林進が、この本の趣旨について述べ、次に大津留公彦（新日本歌人協会常任幹事）、中瀬勝義（海洋観光研究所）、平岡厚（元杏林大学准教授）の三氏が、社会主義について思うところを語った。

大津留氏は、石川啄木の短歌の紹介から話を始めて、日本共産党が二〇〇四年の第二三回党大会における綱領改定で、従来掲げられてきた『ゴータ綱領批判』にある「分配原則」を削った点を、紅林が批判したことに対して、改定を提起した不破哲三氏を擁護する意見を語った。

中瀬氏は、宇都宮健児氏の「うつけんゼミ」生で、昨年訪れた韓国の市民運動や朴元淳ソウル市政について紹介しながら、日本と韓国の市民運動のあり方の大きな違いを強調したうえで、本書の意味について発言した。

平岡氏は、紅林の基本的立場には賛同し、その上で「今後、労働者が自主管理する事業所が普通の私企業と市場で競争して勝ち易くなるような社会の変化を起こせるか、が鍵だ」と指摘した。また民族理論・民族政策に関連して「文化の中での宗教の位置づけが不明」だと指摘した。

フロア討論では、岩田昌征氏が「この本で提起されている、いわば協議経済はユーゴスラヴィアで追求され、ソ連型とは異なるものとして注目を浴びてきたが、結局、ユーゴスラヴィアの社会主義も崩壊した。そのことについて論究していないのは大きな欠落ではないか」と指摘した。

（紅林進）

第II部　書評・コメントへのリプライ

紅林　進

拙著へのコメントや書評をいただいた一九人については、社会主義理論学会などの研究会などで同席した研究者、市民活動で出会った方、さらに今度はじめてコンタクトが生まれた方も居る。いずれも懇切なもので深く感謝します。以下のリプライでは論点が重複する場合があることを容赦して欲しい。

岩田昌征氏へ　旧ユーゴスラビアの労働者自主管理社会主義

岩田昌征氏は、私が尊敬する社会主義研究者の一人である。私はかつて、岩田氏などの著作を通して、ユーゴスラビアの労働者自主管理社会主義にあこがれたことがある。それだけに、旧ソ連型の中央集権型の指令経済社会主義や毛沢東型の中国社会主義が崩壊しただけでなく、ユーゴスラビアの労働者自主管理社会主義が、悲惨な民族抗争・戦争の内に悲劇的な崩壊を遂げたことは大きなショックであった。そのため、それに代わる新たな可能性を、資本主義社会の真っ只中で、労働者協同組合という形で、地道に探って、それなりに実績も積んでいるモンドラゴン協同組合に注目した。

しかし岩田氏の言われるように、モンドラゴンという一協同組合グループの経験と旧ユーゴスラビアという一国レベルの労働者自主管理社会主義の経験は次元の違うレベルの問題であり、旧ユーゴスラビアの経験をもっと学び、検証すべきであるという岩田氏の主張はもっともであり、岩田氏の諸著作にも改めて学び直し、旧ユーゴスラビアの労働者自主管理社会主義について改めて検証・検討したいと思っている。

宇都宮健児氏へ　社会民主主義の成果と限界

宇都宮健児氏は、人権派弁護士としてサラ金などの多重債務者問題に長く取り組み、年越し派遣村の名誉村長など反貧困運動を担い、日弁連会長も務められた方だが、都政改革のため都知事選にも二回にわたり出馬し、私も、その都知事選を多少手伝った。現在も「希望のまち東京をつくる会」の代表として、都政監視や提言を続け、また「選挙供託金違憲訴訟」の弁護団長などを務める。

宇都宮氏は、韓国ソウル市の朴元淳（パク・ウォンスン）氏の市政にもいち早く注目し、二度にわたってソウル市政を視察し、交流する。またデンマークやスウェーデンなどの福祉国家も視察し、それらの福祉政策や人権思想などを日本の改革に活かすことを提唱している。

宇都宮氏は書評の中で、旧ソ連や中国などの「社会主義国」の現状、人権軽視を批判し、それに対して、デンマークなどの社会民主主義の成果を述べられる。その指摘はそのとおりであり、重要だと思うし、デンマークやスウェーデンなどの社会民主主義の成果は日本の変革にとっても大いに学ばなければいけないと思う。ただしデンマークやスウェーデンなどの北欧の、さらにはイギリスやドイツも含めた福祉国家の形成には、世界史的にはロシア革命の影響（それに対する対抗的な改革も含めて）も考える必要がある。

私は社会民主主義の意義は認めた上で、しかしそれには限界があると考える。社会民主主義は一時期は一部企業や産業の国有化は行なったことはあるものの、基本的には生産手段の私的所有と利潤を目的とする資本主義経済の仕組みを前提として、税と社会保障により、分配面の平等化を図ろうとするが、経済民主主義を徹底させるならば、搾取や格差自体を作り出す、資本主義の仕組み自体を変える必要があると考える。生産手段の私的所有には合理的根拠はなく、社会的共有に移すべきだと思う。特に相続による資産所有の継承は経済的平等原則に反する。資本主義の基本である株式会社の持ち株数による決定原則は、協同組合のような一人一票の民主的な決定原理ではない。

もちろん生産手段の社会化にせよ、資本主義的生産関係の変革にせよ、暴力革命ではなく、議会制民主主義の下において、平和的、民主的に行う以上、その改革は、国民、市民の同意と支持を得つつ、議会を通しての諸政策、立法化という、漸進的で、長期にわたる過程とならざるを得ない。そしてそこでは、税制による経済関係の是正や誘導も有効な手段となる。累進的な所得税と累進的相続税、資産課税などの強化と法人税の引き上げや内部留保への課税などである。ただし、経済がグローバル化した今日、法人税の強化などは一国のみでは難しい問題もあり、国際的な規制の強化や、タックスヘイブンの規制など国際的な取り組みも必要となる。

大津留公彦氏へ　生産関係と分配問題について

私が拙著で、日本共産党が二〇〇四年の第二三回党大会で『ゴータ綱領批判』にある分配原則を綱領から削除したことを批判した（正確には、私はその拙速な削除の決め方を批判したのだが）として、大津留公彦氏は、不破哲三氏の『新・日本共産党綱領を読む』やその大会での発言を引用して、その削除を擁護している。大津留氏が不破氏のその大会での発言として挙げられた内、「第三点はマルクスが重視したのは分配問題ではなく、生産様式をどう変革するか『生産手段の社会化』という問題だったということです」とあるが、それはそのとおりである。だが、マルクスが『ゴータ綱領批判』で、共産主義の低次段階と高次段階における分配原則の違いを述べたのは、「生産手段の社会化」がすでに達成された後の社会、つまり生産関係としては、基本的には同じ共産主義の低次段階と高次段階における分配原則を問題にしているのである。なお生産様式とは生産力と生産関係の統一体だが、マルクスは、共産主義の低次段階と高次段階における分配原則の違いの根拠に、生産力の違いを見ているが、共産主義の両段階においては、生産関係の問題は基本的には解決されているのである。不破氏のいう「第三点」の論理で『ゴータ綱領批判』にある分配原則を否定、削除する理由とすることはできないと私は思う。

私自身は、不破氏の述べるように、分配問題が重要でないとは思わない。分配問題はまさに重要な問題である。マルクスの主張は分配問題が重要でないということではなく、生産手段の私的所有の階級社会の下では、その分配関係をもたらす生産関係、生産様式をこそ問題にすべきという主張である。生産手段の社会化が達成され、生産関係の変革の問題が解決した社会でこそ、生産関係、階級関係に規定されることなく、分配問題を社会の成員が決めることができるようになるのである。

なお「ルールある経済社会」の問題は、武市徹氏へのリプライで、触れる。

大西広氏へ　独裁と支配は区別すべき

大西広氏は「階級独裁概念の有効性」を主張されるが、「独裁」と「支配」という概念は区別すべきであり、「独裁」は何者にも制約されない全面的な「支配」であり、前者は後者の部分集合。現在の資本主義においては、資本家階級が生産手段の独占（厳密に言えば、公有部門や協同組合所有もあるので、完全な独占ではないが）に基づき、経済的支配はもちろんのこと、政治面や社会面でも、圧倒的な支配力、影響力を持っており、その意味で「階級支配」といってよいが、その支配は全面的なものではない。憲法や法によっても制約されている。株式会社では資本力（株数）が決定力を持つが、政治制度としての民主制、とりわけ普通選挙が実現して以降の民主制の下では、一人一票の民主的な平等原理が原則である。経済組織においても協同組合は株式会社とは違って、一人一票の民主的な決定原理である。また労働運動や市民運動によって、勤労者や市民の様々な権理も勝ち取られてきた。資本による全一的な支配は、すでに制度的にも行えない体制になっているのである。

なお大西氏は、「武士階級の独裁」の例を出されているが、資本主義における階級支配とそれ以前の社会における階級支配の仕方には決定的な相違がある。資本主義以前の社会においては、経済外的な、身分社会的な権力行使、端的には武力に基づいて、階級支配、経済的搾取・収奪が行われてきたのであるが、資本主義の下では、生産手段の資本家階級による独占と労働力の商品化により、形式上は自由・平等な商品交換、等価交換を通して、階級支配が行われ、それは「独裁」という直接の権力行使を行わなくても、外面的には自由・平等な「民主制」という政治体制の下でも、階級支配を貫徹できる構造を持っている。

従って現在の民主制の成果の上に立って、それを受け継ぎ、さらに発展させる、新たに創るべき社会主義は、それが特定の政党や集団、個人の「独裁」ではなく、「階級」による「独裁」であっても、「独裁」が肯定される余地はない。政治面のみならず、経済面も含めて全社会的に拡大された、一人一票原則を基礎とする民主制の下で、多数者の意思、同意に基づく決定に「独裁」は不要である。少数派となった資本家階級の抵抗は、勤労多数派の民主的な手続きを経た決定と法律に基づき抑えることができる。何も独裁的な権力行使を図る必要はない。そして階級の独裁、「プロレタリアート独裁」の名の下に、「一党独裁」や「個人独裁」に帰結した歴史を忘れるべきでない。

また大西氏は、「民主制の限界」について述べられている。確かに「民主制」にも限界があることは事実であり、「民主制」の最終決定手段である多数決の結論、多数派の意思が常に正しいとも限らない。私は、民主主義を単なる多数決に還元することには反対で、むしろその決定に至る過程、討論・議論の過程こそが重要と考える。いわゆる熟議民主主義であり、当事者、各ステークホルダーの議論参加、参加民主主義である。討論・議論の過程はまさに、「正・反・合」の弁証法的過程である。

一方「民主制」は、一人一票原則に基づき、多数派の意思が反映される制度である以上、少数者の権理や利害をどう保障するかという制度上の問題をはらんでいる。それには多数者の意思によっても奪われない、個人や少数者の基本的人権の保障・尊重・社会的定着が必要であり、憲法や法律によってもその保障を規定すべきである。

ところで特定の階級・階層や少数民族の利害を守るものとして、大西氏は、「ソビエト・システム」や中国の「政治協商会議」を評価されているが、階級・階層や民族間の利害調整機関としての一定の機能は認めるものの、それが一人一票の民主制的議会に代わるものとは、私は考えない。そもそも「全会一致」など虚構である。実際は利害対立の隠蔽と実権を持った者による押し付けにもなりうる。また「ソビエト」や「コミューン」は、本来は立法・執行・司法の権能を兼ね備えた機関であるが、権力の分立と相互チェック・抑制を欠いた組織は独裁化するのであり、民主制的な組織とは言えないと思う。

久保隆氏へ　企業の在り方について

久保隆氏が、「わたしが、『民主制の下での社会主義的変革』のなかで、最も関心を惹かれたスペインのバスク州にあるモンドラゴン協同組合に関する二つの論稿」を挙げられたのはありがたい。そして久保氏は、「わたしは、企業というものは、国有（営）、私的、労働者管理のいずれでもないかたちはないのだろうかと、考え続けてきたといっていい」とされ、拙著の一文を引用して「『狭い自己利益、自企業利益にとらわれず、消費者や利用者、そして地域住民も参加した、協議、決定の仕組みと、企業横断的な連携・連帯』をしながら運営する『当事者参加型の、閉鎖的でない開かれた共同体』をかたちづくることこそ、共産主義でもない、社会主義でもない、もちろん資本主義でもないありうべき様態を描像できるはずだという思いがある」と述べられている。私自身は、このような共同体こそ共産主義的なものだと考えているのだが、それは置くとして、単に労働者自主管理だけでなく、消費者や利用者、地域住民も参加するこのような企業運営の在り方は重要だと思う。

また久保氏は、「モンドラゴン協同組合には、著者も指摘しているように様々な問題があるとはいえ、しかし、一つの可能性を指し示してくれるものを潜在させているのは間違いない」と評価したうえで、モンドラゴン協同組合の中心的企業で倒産した「ファゴール家電」が国内外に多数の工場や子会社を有して生産していたことに対し、「これでは『ファゴール家電』というのは、単なるグローバルな多国籍企業でしかなかったということになる。反グローバリズムであり、身の丈で運営すべきコレクティブな企業体であるにもかかわらず、まったく逆の方向へと邁進していったことの結果だったということになる」と述べられ、さらに「確かに、自給自足的な共同体を運営していくのであれば各企業体の売上高をひたすら追求していく必要はないかもしれない。だが、少なくとも開かれた共同体として持続可能性を求めていくとすれば、生産性や売上の増大を希求していくのは避けられないのかもしれない。しかし、そうだろうか、どこかに線引きをしていかなければ、協同組合ということの内実からは離反していくことになるはずだ」と述べられているが、それはそのとおりだと私も思う。

最後に、久保氏は、「国家や社会という制度、システムの変更や再構築よりも、共同体的な世界の行方にこそ、僅かな可能性かもしれないが、求めてみたいと、わたしは思っている」と述べられている。久保氏の心情としては、理解できるが、私自身は、「共同体的な世界の再構築」とともに、それを基礎とする、「国家や社会という制度、システムの変革や再構築」も追求してゆきたいと思っている。

小泉雅英氏へ　論証の不十分さについて

小泉雅英氏は、「社会主義社会をどのように構想し実現するか」と題した拙著巻頭論文に対し、「これを読んで、ほとんど触発されることがなかった」と述べられ、「一日の仕事で疲れた労働者が、喫茶店に入って、睡魔を抑えて本論文を通読したとしても、現状を打開し、来るべき社会に向けて奮起しよう、という希望を感じ取ることができるだろうか」と痛烈に批判し、「具体的な議論が論証がなく、結果として単に著者が最善と信じる考え方を述べたものにしかならず、説得力を持たない」、「具体的な経験と事例を含め、結論にいたる理路を同時に提示すべき」と書かれているが、紙幅の関係もあるとはいえ、確かに私の力不足を認めざるを得ない。

なお小泉氏は、ベーシックインカムについて、「社会主義の下でこそ、その実現が可能になる」という私の見解に対して、そうは「思えない」とされ、「なぜなら、完全ＢＩの実施には大きな資金と、その財源を確保するための経済成長が必須だからである。社会主義社会が、そのような経済成長を実現し、持続できるという保障はどこにあるのであろうか」と書かれているが、私は現在の生産力でも、分配さえ平等に行えば、一人ひとりの生存権、単に生存するためだけでなく、人間らしい生活を保障するために十分な財源はあると考える。

続けて小泉氏は、「資本主義を批判し、追いつめるものとしてもＢＩ要求運動は運動論的に意味はある」とする私の意見に対して、（そのようには）「思わない。『完全ＢＩか』かゼロか、というのではなく、またＢＩ実現を『馬の頭に人参』とするのでもなく、実質的にＢＩ的な考え方を取り入れ、少しでも実現してゆくべきだろうと考える。具体的には生活保護制度の抜本的改革と拡充である」と書かれている。私は、ＢＩ要求運動の運動論的意味はともかく、「『完全ＢＩか』かゼロか」という考えはとらないし、ＢＩ的な発想と生活保護制度の抜本的改革と拡充など、まさに既存の社会保障の拡充との連携こそが重要だと考えている。

小泉氏は、私が拙著に記した「実際には社会主義派が議会で多数派とならない限りその（社会主義的政策の）完全実施は不可能なので、それまでは、民主的規制や変革を積み重ねてゆくしかない」という記述に対し、それでは、「その実現は結局、選挙運動へと回収されていくのだろうかと思ってしまう」と述べられているが、私は選挙運動は非常に重要だとは思うが、それだけでなく、労働運動や様々な社会運動や文化運動、協同組合などのオルタナティブな非営利セクターなどを築いてゆくことなども、同時に重要だと考えている。

斉藤日出治氏へ　資本主義による社会の解体に抗して

斉藤日出治氏は、「資本主義はいまや社会の存在を不可能にしつつある。……資本の運動があらゆる社会諸関係を解体して、ひとびとを分断し孤立化させて、市場の回路へとひとびとを流し込んできた結果、社会そのものがすっかり消え去ってしまったのだ」として、資本主義による社会そのものの解体を述べられ、その上で、「紅林氏が『社会主義的変革』として本書で提唱しようとこころみるもの、それはこの自壊する資本主義の混沌状況のなかで資本主義が打ち壊した社会の無数の創造の芽を紡いで開かれた社会像を織り上げようとする営為に他ならない。だから、……本書は、なによりも資本主義が自壊しつつあるこの現実のなかで社会を再生させる提言として読まれることによって、その現実的意義が浮き彫りになる」と的確に評価していただいてありがたい。

また斉藤氏は、「著者は、現代世界においてすでに抑圧の道具と化した民主制という制度についても、新しい理念のもとに再定位ようとする。民主主義の真髄は、代表者を選出する制度、あるいは投票という手続きにあるのではなく、ひとびとの暮らしを自立して組織するための制度であり、ひとびとの生存権および生活権を支える制度とならなければならない」。「だから、著者は資本と国家による社会の破壊に抗して民衆が自らの暮らしを自力で再創造する運動の文脈のなかに民主制を置き直す。それはひとびとが自らの生存権、生活権を他者に委ねるのではなく互いに連帯して自立して生きるための制度である。その意味で、民主主義は他者を利用し収奪する資本主義システムとは相容れない」。「著者はこの視点から、ベーシックインカム（ＢＩ）制度を検討している」として、「民主制度を私的所有権ではなく生存権を基盤とする制度として再定位することによってこそ、ひとびとの暮らしの共同的自立の回路として民主主義を復位させることができる」とも書かれているが、「民主制度を私的所有権ではなく生存権を基盤とする制度として再定位する」ことは重要なことである。

櫻井善行氏へ　異なった立場や意見へのリスペクト

櫻井善行氏が、「私の問題意識」として書かれていることは私もまったく同感である。その中で、櫻井氏は、「多くの若者はよくて『無関心』、積極的な行動をする若者は右派排外主義になびいているのが現状であ」り、「そうした若者から支持されない左派や社会主義にはあるものが欠けていた。それは異なった立場や意見へのリスペクトが欠如していた。……その克服なくして社会主義論も社会主義運動というよりは、反体制運動の再生はないというのが、私の持論である」とも書かれているが、そのことは私も重要な指摘だと思う。

また「社会主義像の再構築は労働運動の再興と不可欠である」との櫻井氏の指摘もそのとおりだと思う。

なお櫻井氏は「マルクス、エンゲルスの『歴史なき民族論』の視点は重要である」と書かれているが、この「歴史なき民族論」は、特定の民族に対する軽視・蔑視に基づくものであり、正されねばならない。

佐藤和之氏へ　BI、協同組合、民族理論・民族政策について

佐藤和之氏には、私の「ベーシックインカム論」について、的確にまとめていただいた。佐藤氏は、次のように評する。

「BIに反対する現場の活動家」と「最終的にはBIを支持している」著者（紅林）の違いに

ついて、「ＢＩが労働力商品化の廃絶につながるという論理の有無に尽きるだろう。別言すれば、利潤追求型の資本主義企業への労働力供給が阻害され、協同組合やＮＰＯ・ＮＧＯの非営利活動、ボランティア活動などが活発化するという論理である。だが、この論理自体も疑わしい。著者自身も『大工場や大規模な運輸、流通などの部門では、そこで働こうと思えば、それら生産手段を所有している大資本の下で働かざるを得ない』（五九頁）と認めるのだが、実際にはそれだけではない。こうした大規模企業に限らず、生産性の高い企業が、相対的に高い賃金を保障すれば、労働力はそちらへ流れるに違いない。ベーシックな収入以上を求める労働者は、当然にも存在するからだ」と評している。

この二点は確かにそのとおりだと、私も思う。ＢＩを求める運動は、生存権を保障しない資本や政府の政策に対する批判としては有効だし、賃金労働に支配されない、労働者協同組合やＮＰＯ、ＮＧＯなどを活性化する、賃金労働の下にあっても、労働者が余裕を持って資本と闘えるという意味では大きな意味を持つが、それだけで、資本主義を倒せるとか、社会主義的変革を可能にするとは、私は考えない。

ところで佐藤氏は、「著者（紅林）の場合は、最終的にはＢＩを支持している」と記されているが、それはあくまで留保つきの支持であり、「ＢＩか社会保障か」という二者択一でＢＩを支持しているのではなく、佐藤氏がまさに述べられているように「社会保障制度のうち、ＢＩで代替できる部分と出来ない部分とを区別し、後者については残せばよい。最初から、左派系のＢＩ論者はそう主張している。これで、『ＢＩより社会保障制度が優れている』といった、二者択一的な主張は退けることができるだろう」という考え方に同感である。

また佐藤氏は、（紅林の著書には）「そもそも、ＢＩ導入の推進主体が明記されていないので、著者にとっては社会運動圏や中心的当事者を措定する必要はないのかもしれない。その辺は不明だが、評者は必要だと考えるので、これらの諸問題を簡単に再考してみたい」と記されている。私自身は、ＢＩ導入運動を、労働運動や社会主義的変革の主軸とまでは考えていないので、実際のところ推進主体を積極的に考えたことはないが、既存の社会保障制度に満足しない、ＢＩ的なものを求める人々は増えていると思うし、ＡＩ（人工知能）化が進み、雇用やそれによる収入から排除される人々が今後、益々増大すると考えられる中、それとの関係で、ＢＩの必要性を説く議論も近年高まっている。その雇用や安定収入から排除された人々によるＢＩを求める運動も出てくるであろう。ただし、ＡＩがもたらす、雇用と収入の格差構造をそのままにして、それから排除された人々をＢＩで救済すれば済むとは私は考えない。そのような格差と排除を生み出す資本主義の構造自体を変える必要があると考える。

佐藤氏は「協同組合論」のところで、「労働者協同組合の場合、雇用確保や労働条件は重視されるから、労働問題の発生は比較的少ない。それでも市場競争を背景に、組織の事業を維持するため、労働条件の切下げ圧力が働き、内部対立を引き起こすことがある。それゆえ、こうした問題を克服する一つの鍵は、所謂『連帯市場』の形成・拡大なのだが、本書では触れられていない。別言すれば、資本の利潤追求に対抗する問題意識はあっても、市場経済の規制に関して論じた部分はほとんどない」と述べられているが、ここで使われる『連帯市場』が具体的に何を指すかは不明であるが、協同組合間や自主管理企業間の協力ということでは、アルゼンチンにおける二〇〇一年の経済危機の際、倒産した工場を自主管理する「回復工場」が多数生まれたが、それら自主管理工場がネットワークを作って、お互いに人材や資金、原材料などを融通し合ったという事例は報告されている。

またイタリアなどでは、最近、協同組合のナショナルセンターが統合して基金を作り、経営危機に陥った組合を資金的にサポートしたり、さらには倒産したり、経営危機に陥った営利企業を資金的にサポートして、協同組合に転換するという試みも行われていると聞く。協同組合といえども、資本主義下の厳しい市場競争に曝されている以上、協同組合間の協力と連帯が不可欠である。「労働組合の経営参加」についても、佐藤氏の指摘はそのとおりであり、自企業防衛意識に絡めとられることなく、労働組合の社会的役割も忘れず、職場、企業の民主化と労働者や労働組合の権理擁護・拡大、発言権や決定権の拡大を図ってゆくことが重要である。

協同組合や非営利セクターだけでなく、営利企業である、大資本の株式会社自体も規制し、変えてゆく必要がある。そこでは労働組合の役割が大きい。

佐藤氏は、「本書では、……コーポラティズムの一形態としての、サンディカリズムに関する言及はない」と述べられているが、スペインのモンドラゴン協同組合にせよ、直接的関係は分からないものの、モンドラゴン創設者のアリスメンディアリエタ神父がスペイン内戦期に人民戦線側の従軍記者や編集者として闘ったように、スペインはアナルコ・サンジカリズムの影響の大きかった地域であり、それが協同組合の形成にも大きく影響しているのではないかと思う。

佐藤氏は、「協同組合にせよ労働組合にせよ、革命の以前と以後とでは、その性格や役割が異なってくるのではないか、という問題である。もっとも労働組合に関しては、本書の社会主義社会論には出てこないから、革命後は解体・再編すべきというのが、著者の考えなのかも知れない」と記しているが、私は拙著で、モンドラゴン協同組合が、「協同組合員は雇われる存在ではなく、労働者でもあり、経営者でもあるという建前」から、労働組合の存在を否定していることを批判して、協同組合においても、「人事や労働条件等に不満があったり、不利益を受けた場合、その受け皿になって、それをバックアップしてゆく労働組合の組織は必要」と書いた。それは革命後の社会主義社会になっても同様である。資本の支配が終わり、搾取関係がなくなったとしても、現場で労働を行う中で、現場の不満や利害の不一致は避けられないので、それを代弁し、擁護する労働組合に当たる組織は必要である。特に、指揮・命令関係が残る場合は、その管理に対する不満も出やすい。旧ソ連の官製組合や現中国の中華総工会のような官製組合ではなく、労働者の下からの自主的な労働組合が、社会主義社会でも必要だと私は考える。

佐藤氏は、「協同組合などの成長・発展のみに期待するのか、そこに左翼政党やインテリの指導が必要なのか、といった問題」を取り上げられて、拙著にその言及がないとされるが、「社会主義政党の役割」については拙著で触れた（四一頁〜四三頁）が、協同組合や労働組合との関係でも、政党がそれらを指揮・命令や指導するものではないと私は思う。もちろんある局面においては、そのような関係が形成されることもあるかもしれないし、グラムシの言う、党や知識人による「知的・道徳的ヘゲモニー」が求められる場合もあるとは思うが、政党と協同組合や労働組合は上下関係にあるものではないと、私は考える。相互に独立しつつ、影響し合い、協力関係を築いてゆくものと考える。

民族理論・民族政策については、「本書では、『文化的自治』を『文化多元主義』『多文化共生』にも通じる考え方であり、再評価されるべきだと主張する。だが、ソ連ではバウアー型の『文化的自治』、つまり混住地域限定の属人的民族自治が、一定程度は実現していた』との佐藤氏の指摘は、旧ソ連地域を何度も訪れ、現地の実情に詳しい佐藤氏の指摘だけあって、教えられた。「民族差別は同化主義だけでなく、『文化多元主義』とも併存し得るのであって、『文化的自治』は民族問題を解決する万能薬ではない。それは、政治・経済・文化の各領域において、国内外での支配・抑圧、制度的差別と実質的差別などの観点から、検証すれば浮き彫りになる」との佐藤氏の指摘もそのとおりだと思う。

「文化的自治」だけでなく、民族自決に基づく「領域的自治」や「独立」、民族国家の形成も、場合によっては必要かつ重要であり、レーニンやロシア革命が示したその主張が、植民地独立に果たした世界史的意義は重要である。ただし「領域的自治」や民族単位の「独立」が民族混住地域においては、民族間の抗争や民族浄化を生み出した旧ユーゴスラビアの民族紛争の悲劇も考えるとき、そこでは「領域的自治」ではない、「文化的自治」の考え方も必要であると私は考える。そしてひとつの民族理論を絶対化することは危険であると思う。

瀬戸宏氏へ　「社会主義的変革」と「革命」について

私は民主制の下における社会主義的変革は、一挙的な変革ではなく、労働者、人民、有権者の支持と同意を獲得しつつ、前進も後退もある漸進的な、長期に渡る「改革」の積み上げでしか実現しないと考えるため、「革命」という言葉は使わず、「社会主義的改革」という言葉を使った。しかし生産手段の社会化は、その本質において、まさに革命的な変革であり、その意味では「革命」、「平和革命」という言葉を使ってもよいと思っている。

なお瀬戸宏氏は、「社会変革を真に実行するためには」「力が必要」であり、「継続して議員を議会特に国会に送り込む必要があるが、それには安定した組織力、財政力を持った社会勢力が必要である」と述べられているが、それはそのとおりである。

武市徹氏へ　社会主義像と実現方法について

武市徹氏には、拙著を「社会変革の論議の一丁目一番地としての役割」を果たしうる論考と高く評価していただきありがたい。その上で、武市氏は、（紅林は）「社会主義像と実現方法について示しえていない」とし、その「理由は、『生産手段の社会的所有が社会主義であり、労働の搾取廃絶が社会主義であり』『ルールある資本主義ではなく社会主義を』という教条にとらわれすぎているからではないか」と批判され、「『ルールある資本主義』は、本来の意味の資本主義ではすでになく社会主義（的）であると、わたしは考える」と書かれている。確かに、拙著は、私自身の理想とする具体的な社会主義像を全面展開したものではない。それは人々が考える、そして選択してゆく、「社会主義像」には多様な形や幅がありうるものだと思うし、それは、特定の個人の青写真に基づいて作られるものではなく、人々の討議と模索の中から選択されてゆくものだと考えるがゆえ、あえて詳細な青写真は描かなかった面がある。そのように多様な社会主義像があってよいと私は考える。しかし、そのように具体的には多様な形態がありうる社会主義であるが、何をもって「社会主義」とするかの、最低限の定義やメルクマールは必要であり、私は、最低限、「社会主義」と呼ばれるためには、「生産手段の社会的所有（社会化）」と「剰余労働の搾取廃絶」をめざすこと、そして「市場経済にすべてを任せるのではなく、それを規制し、計画経済的要素を入れること」（市場経済と計画経済の比率は多様でありうる）、は欠かせないと考える。武市氏は「教条」と思われているようだが、それらは最低限必要と私は考えている。特に、「生産手段の社会的所有（社会化）」は、「社会主義」や「共産主義」と「社会民主主義」（生産手段の私的所有を認め、その上で、分配面の再分配を行う）を分ける大きな違いである。

なお社会主義の「実現方法」については、拙著において、私なりに述べたつもりであるが、もちろん具体的な政策面はもっともっとつめてゆく必要がある。

ところで武市氏は「『ルールある資本主義』は、本来の意味の資本主義ではすでになく社会主義（的）であると、わたしは考える」としている。その「ルール」をどのように考えるかにもよるが、外形的（内実は違うが）には「自由・平等な商品交換」に基づく、市場経済的「公正なルール」ならば、弱肉強食性はある程度抑えられるにせよ、紛れもない資本主義であろう。この「ルール」を「市場経済的公正」を超える、社会主義的な「社会的公正」を加えて規制する道も考えられるが。

中瀬勝義氏へ　ソウル市の改革に学ぶ

中瀬勝義氏は、拙著の論述をまとめ、それらに賛同や共感を示していただいた上、中瀬氏が「宇都宮健児氏の主宰する『うつけんゼミのソウル市視察旅行』」で訪れた「ソウル市で進められている『社会革新』に大変驚かされた。紅林氏の構想している民主制下の社会主義的変革がここにあるのではないかと思う」とされて、朴元淳（パク・ウォンスン）ソウル市長が進めるソウル市の改革を詳しく説明される。私は朴元淳市政下のソウル市を訪れたことはまだないが、宇都宮健児氏や白石孝氏、丸山茂樹氏らによる、朴元淳市政下のソウル市の改革の紹介によって、現在、ソウル市で、すばらしい改革、市民参加の改革が行われていることは知っている。白石孝氏編著の『ソウルの市民民主主義～日本の政治を変えるために』（コモンズ、二〇一八年刊）で詳しく紹介されているように、ソウル市をはじめとした韓国で市民民主主義が実践されていることはすばらしいし、日本の市民としても、それに学び、日本の運動や自治体改革に活かしてゆく必要があると思う。ただし朴元淳市長が進める改革は、社会民主主義的ではあっても、直接、社会主義をめざしたものではない。しかし協同組合の重視や育成など、拙著で述べた構想とも重なる部分が多いことも事実であり、その意味で、民主的な社会主義的変革に向けた土壌を形成するものでもある。

中瀬氏が紹介されているように、朴元淳市長は「協同組合都市」ソウルを築こうとし、また朴元淳らが呼びかけて、Global Social Economy Forum（社会的経済フォーラム）という、自治体と、社会的連帯経済の担い手たちが集まった世界的ネットワークが形成され、その準備会が二〇一三年にソウル市で、そして翌年二〇一四年には、同じくソウル市で世界大会が開催され、以後隔年で、二〇一六年にはカナダのモントリオール市で、そして今年二〇一八年一〇月にはモンドラゴン協同組合グループの本拠地であるスペイン・バスク地方のビルバオ市で開催される。私もそれに参加する予定である。そこではモンドラゴン協同組合グループをはじめとした、社会的連帯経済をめざした世界各地の取り組みが学べるのではないかと期待している。

西川伸一氏へ　民主制のインフラとしての選挙制度の重要性

政治学者で選挙制度にも詳しい西川伸一氏から貴重なコメントをいただけありがたい。選挙制度は民主制のインフラとして重要な問題であり、「あとがき」に記したように当初は本書に選挙制度についての一文を収録する予定であったが、果たせなかったのでここで論述することになり、少し長くなる。

先ず「1　小選挙区制批判」については、西川氏は、小選挙区制を支持する政治学者として、後房雄氏を挙げられているが、かつて小選挙区制を導入に邁進した政治家も、小選挙区制の弊害があらわになった今日、それが誤りであったと認める者が多い中で、依然、小選挙区制の正しさを主張しているのが小沢一郎自由党共同代表である。小選挙区で勝てばオセロのように議席が変わり、政権が替わると今でも主張している。小沢氏は後房雄氏とは違って、日本共産党との共闘にも積極的だが、選挙制度改革に関しては、小選挙区制の弊害については目を向けない。

「2　隠れた死票」については、確かに得票のし過ぎによる「死票」（投票者の投票が議席に結びつかないという本来の意味の「死票」ではなく、投票者の投票行動が議席に過小に反映されるという意味での「死票」）は、比例代表制でない限り生じうる。小選挙区制の下における、落選者に投票した者の意向が議席にまったく反映されないという、本来の意味の「死票」に比べれば、投票者の意向は、過小といえども議席に反映されているので、その弊害はより小さいといえども、生じうる。西川氏は「定数が二以上の選挙の場合、このような事態は理論的には常に生じうる」と書かれているが、定数二以上の中選挙区や大選挙区だけでなく、小選挙区においても、理論的には生じうるが、やはり実際に深刻な問題は、小選挙区制における、落選者に投票した者の票が議席にまったく反映されないという、本来の意味の「死票」である。死票をなくす、あるいは少なくするためには比例代表制しかない。

「3　全国一区の比例代表制の問題点」については、西川氏は、「これでは有権者と候補者の間に大きな心理的な距離感が生じてしまう」とされ、「当選順位を拘束しない非拘束名簿式（参院選の比例区で実施）を採用するなら、有権者の投票への心理的負担感はさらに大きくなる。拘束名簿式に比べて候補者名を書けるメリットはあるが、全国一区で一人を選ぶのでは候補者への親近感を持ちにくい」と書かれているが、非拘束名簿式でも、個人名ではなく、政党名でも投票できるのであり、比例代表制が政党本位の選挙制度であることを考えるならば、実際上、そんなに有権者の心理的負担が大きくなるとは思えない。なお拘束名簿式と非拘束名簿式の中間的形態も考えうるであろう。つまり各党は順位をつけた名簿を用意し、政党名で投票された票については、その政党の付けた順位に従い集計し、個人名で投票された票との合計票で、実際の当選順位を決めてゆくという方法である。なお各候補者の順位付は各党に任かされ、同一順位（全候補あるいは一部の候補）にして、事実上、非拘束名簿式あるいは投票者の選択に委ねるという選択も政党によっては取りうるものとするのである。候補者の政治的スタンスに幅のある政党（たとえば民進党系諸党）はそちらを選ぶかも知れないし、日本共産党や公明党などのように組織の統制の強い政党は厳格な順位をつけた名簿を用意するかもしれないし、それらの政党では支持者も個人名よりも政党名で投票することが多いように思われる。名簿の順位付け、あるいは順位を付けないは各党の選択に任されるものの、それでも、最終的には投票者の意向が反映されうる制度にするというものである。なおスウェーデンでは、各政党は順位付けしたリストを用意し、政党名で投票されたものについては、その順位に従い当選者を決めるが、有権者はそのリストの中から、投票したい者の名前をチェックすることもでき、その場合は、そのチェックされた票数が加算されて、当選順位が変わることもありうるというものである。

次に「4　ドイツの併用制の応用について」であるが、前述したように、全国一区の投票が有権者に心理的負担感をもたらすとまでは言えないと私は思うが、ただし全国一区では地域の身近な人でないため、候補者への親近感を持ちにくいという点は確かにあると私も思う。その点では、ドイツの小選挙区比例代表併用制はかなり工夫された、よい制度ではないかと思う。なお西川氏は、「本書の主張ではっきりしないのは、それでも非拘束名簿式の全国一区を維持するかどうかである」と疑問を出されているが、日本の現行制度では、せっかく衆議院と参議院の二院制を採っているのだから、両議院の選挙制度は違うものにし、それぞれ特色を出した方がよいと思う。投票者の意向を正確に議席に反映するためには、全国一区の比例代表制が優れている。地域の特性や利害を反映するという意味では、基本は比例代表制であるものの、地域に基づく小選挙区制の要素も取り入れた小選挙区比例代表併用制が意味を持つ。もっとも選挙区の範囲を小選挙区にするか、中選挙区あるいは大選挙区にするかは検討が必要である。なお衆議院、参議院がどちらの選挙制度を採るかは、別途、議論されるべきである。投票行動の議席への正確な反映を重視するのであれば、衆議院は全国一区の比例代表制を取るべきであろうし、その場合は参議院は地域特性を加味した小選挙区比例代表併用制をとるべきであろうし、地域特性や、現行の小選挙区比例代表並立制との連続性（実は基本的に比例代表制の一種である併用制とは断絶があるが、小選挙区と比例代表制の組み合わせという意味での連続性）を重視するなら、衆議院の方を併用制にするということも考えうる。

「5　望ましい選挙制度についての私見」で、西川氏は、「衆院総選挙への全国一区の非拘束名簿式比例代表制の導入は非現実的である」として、「北海道・東北ブロック」、「中国・四国ブロック」などブロック制にして、「こうすれば五％程度の得票率で当選者を出せる。もちろん全国一区に比べれば死票は増えるが、合理的死票として感受するほかない」と書かれているが、果たして、それを「合理的死票」として合理化してよいものであろうか。選挙区の単位はブロック制にするにせよ、得票は政党別に全国集計して、政党別の議席数を決め、ブロック単位では議席に結びつかなかった政党にも、全国集計で、得票に比例した議席を与える方式も検討されてよい。実際にスウェーデンでは、比例代表制で選挙区（ブロック）単位で、当選者を決めるが、全国レベルで再集計し、それに基づいた議席を調整議席という形で再配分する。ブロック単位では、当選に至らなくても、全国レベルではそれなりに得票している少数政党に対し、このように正当に議席に反映させる必要があると私は思う。

「6　超過議席をどう考えるか」であるが、私は前著で「超過議席を発生させることなく、比例配分の議席数の範囲内にとどめ、小選挙区でどれだけ相対的に多く得票したか（惜敗率の逆の発想）によって当選者を決定してゆく方法も考えられてよい」と提案したが、それに対して西川氏は「斬新なアイデアで一考に値する。とはいえそうなると、小選挙区得票一位が落選して、二位が比例区で当選する事態が十分に予想される。有権者の納得を得られにくいうらみは否定できない」と書いておられる。確かに、その問題はあるとは思うが、ドイツのような小選挙区比例代表併用制を採るにしろ、スウェーデンのように比例代表制を採るにせよ、少数政党を排除せず、各党の得票に基づく議席配分ということを考えるならば、超過議席なり、調整議席は避けられないし、必要だと思う。なおスウェーデンの調整議席は、ドイツの超過議席と違って変動することはない。ただしスウェーデンの制度でも、当選するために必要な選挙区得票率一二％以上か全国集計得票四％以上という少数政党に対する足切条項（阻止条項）は問題だと思う。

「7　終わりに」で、西川氏は、「一票格差」の問題に言及されているが、確かに投票価値の平等という点からも「一票格差」は問題であるが、全国一区の完全比例代表制にすれば、一票格差自体がなくなる。

なお、選挙制度の問題点としては高額供託金問題がある。立候補権の充実のためには廃止したほうがよい。

平岡厚氏へ　歴史的決定論と擬似科学について

平岡厚氏は「マルクス主義と科学、民主主義」に関する叙述の中で、「マルクス主義の唯物史観」が、「歴史的決定論であると一般には理解されている」が、「それを歴史の客観的法則として認識することは、既に起きたあるいは現在起きつつある観測可能な出来事と現時点では観測可能な未来に予想される社会的過程を、同じレベルとして扱うことになり、結論を断言すれば疑似科学になってしまう」と指摘し、また「科学的社会主義を自称するマルクス主義を、疑似科学の状態から本物の科学に発展させる」という観点は興味深い。確かに唯物史観を歴史決定論的に理解するのは誤りであり、未来社会の選択は、現在社会とこれまでの歴史の客観的な分析に裏打ちされ、その実現可能性を科学的に検証されるべきであるが、決して一つに決定されているわけではなく、それは人々の主体的な選択にかかっていると私は思う。

また平岡氏は「社会主義と市場経済」に関して、「生産手段の私有を廃止することと、市場を廃止することを、一応は各々分離した段階とみなしており、先ず世界的規模での資本主義から市場社会主義への移行を目指すべきであると考えている」と書かれているが、私は現在の中国が行っている「市場社会主義」（彼らの用語では「社会主義市場経済」）をめざすべきとは思わないし、何をもって「市場社会主義」とするかの問題もあるが、さしあたり、市場を否定できず、それを活用するという意味では、そう言ってもよいと思うが、私自身は、「市場」を最終的になくすべきであるか、なくせるかについては、結論が出せないでいる。しかし少なくとも当面は、そしてかなりの長期に渡って「市場」の活用は避けられないと思う。なお平岡氏は「生計を共にしない第三者の雇用」という言葉を多用されるが、要するに「剰余労働の搾取」ということであろう。それをなくすことが社会主義のメルクマールということは私も同感である。ただそれに至る過程は平岡氏も示されているように状況に応じて多様であると思う。ところで平岡氏が示された「社会主義を目指すことを山に登ることに、また各国を登山者にたとえる」ことは面白いたとえである。

なお「民族問題と文化的自治」に関して、平岡氏は「著者（紅林）が文化の中での宗教の位置付けをどう考えているのか不明である。私は『各人の諸宗教や無神論に関する立場は、国・地域、人種、性別、門地、その他すべての属性から独立した純粋な個人に帰する』という原則が、民族の文化的自治の中でもあくまで守られるべきである」と書かれているが、平岡氏が書かれた『　』内の原則は、私もそのとおりだと思う。しかし平岡氏が続けて、「『文化的自治』の概念は、民族問題だけでなく、日本の天皇制の扱いにおいても、直ちに普通の共和国にすることがいまだ困難な時点での過渡的措置への応用が可能であると思われる」として、「村岡到氏が主張する『文化象徴天皇』に近い発想であるが、任意加入する会員の会費と日本共和国政府からの補助金で運営される半官半民の団体が、当該団体が天皇と認定した人物を日本文化の象徴として関連諸事業を行うことが考えられる」と書かれると、「会員の会費」で運営するのは許されるとしても、「日本共和国政府からの補助金で運営される半官半民の団体」となると、非常に問題であろう。

平松民平氏へ　生産力基盤との接点を意識した社会改革

平松民平氏は「率直な読後感は『今は最大公約数のその先の探求が求められているのではないか、伝統的社会主義の枠を超えた何かがほしい』」であると書かれているが、私としては、伝統的社会主義の枠を超えるべく努力したつもりであったが、平松氏から見れば不十分と映るのであろう。平松氏の「生産力基盤との接点を意識した社会改革の議論を」という指摘は重要であり、この観点はマルクス主義、史的唯物論の根本であり、忘れるべきではない。確かに私の前著では、その点の検討が不十分であったことは否めない。「生産力など物理的基盤との接点が薄い改革論は実質的に精神論に向かう心配がある」という平松氏の指摘は、私も自戒を含めて忘れないようにしたい。また「次の社会を論じるには『価値ある社会は何か』の選択と、現代社会の生産力の分析を背景にした『その社会は存続可能か』の両面のチェックが要る」という平松氏の指摘もそのとおりだと思う。平松氏は、「フリーソフトウェア」の台頭を挙げられ、そこに「資本主義の最先端であるネットワークの上で共産主義的な生産、流通様式が形成されている」ことを指摘されているが、先端メーカーの技術者として仕事をされてきた平松氏の言葉だけに、重みがあるし、このような技術分野の変化にも、生産力のあり方の変化として注目してゆきたい。

また「『資本主義の廃絶と社会主義の建設』は破壊から建設への過程でそこには連続と断絶がある。資本主義の中で発展してきた、次の社会の新しい核となるべき要素を最大限に引き出しながら資本主義の古い核となっている部分を廃絶、転換するのが筋で、資本主義の否定に熱中する余り次の社会を担うべき肝心の中心部分を掬い取れなかったり殺すことになっては本末転倒である。マルクス主義運動の重心は資本主義の否定に偏りすぎていたと思う」と平松氏は述べているが、私もそのとおりだと思う。もっともマルクス自身は、本来は平松氏が述べた考えを持っていたと思うが、マルクスが社会主義の内実について語ったのは、『ゴータ綱領批判』などごく一部に限られたこともあり、その後のマルクス主義運動においては、社会主義について、『資本論』などで分析された資本主義原理の裏返し、否定形で語られるしかなかった側面もあると思う。また平松氏は、「未来の選択を否定形の発想に委ねることは安易で危険との自覚が必要」と述べられているが、私自身も否定形だけでなく、肯定形の積極的な未来社会像をどれだけ提示できたか吟味する必要は感じている。

平松氏は「現実資本主義については不変なところと変化しているところ、両面を丁寧に見るべき」と述べられているが、私も現在の資本主義も資本主義としての本質は変わらないと思うが、もちろんマルクスの時代の資本主義とは違って変化している側面も多いのであり、それをきちんと見てゆくことは必要である。また「資本主義を消滅するものと見ると、資本主義の体内で起きている量的、質的変化、場合によっては資本主義そのものを覆すことになる変化を見落とすことになるかも知れない」とも平松氏は述べているが、確かにその側面はあるが、同時に資本主義を永遠に続くものと見る観方も正しくない。もちろん平松氏がそういう観方をしているということではないが。

「マルクスは前史を生存のために強制された労働、つまり食べるための労働が中心の時代として、本史を生産力増大によって必要労働から解放された時代としている」という平松氏の認識であるが、「本史を生産力増大によって必要労働から解放された時代」のところで使っている「必要労働」を「生存のために強制された労働」という意味で捉えるならば確かにそうであり、その意味では平松氏の言おうとしていることはわかり、それに同意もできるのだが、マルクス経済学でいう「剰余労働」に対置して使われる「必要労働」の面では、階級社会においては、食べるための労働（必要労働）以上の物（剰余生産物）を作り出してきたこと、しかしそれはその労働をした者ではなく、支配階級に取り上げられてきたことも見る必要がある。

平松氏の「生産力」を重視すべきという考え方、それはまさに史的唯物論の考え方でもあるが、それについては私も共有しているし、生産力自体の発展は私も必要だと考える。また平松氏が述べられるよう「生産力の増加は質的なものも含まれる」のもそのとおりであり、「現代社会は人間欲望の吸収を物質財から非物質財にシフトさせることが可能な生産力を持っている」ことも事実である。このような史的唯物論における「生産力」の重視は必要であるが、それを「生産力主義」としてしまうと誤りである。史的唯物論、唯物史観においては、生産力の自動的な発展によって社会が発展・進化するのではなく、生産関係との関係・矛盾を通して発展・進化するのであり、「生産力」のみを強調するのも誤りである。なおマルクス自身にも産業革命時代の科学技術の急発展という時代背景もあり、「生産力」の発展を過大評価するという傾向もあったし、マルクスの生産力重視の思想を受け継いだ旧ソ連をはじめとする社会主義国が、生産力の量的拡大に走ったことも事実である。それが環境破壊や、原発など科学技術のコントロールに対する過信を生んだことも事実であり、その意味での「生産力主義」に対する批判はとりわけ現代において必要だと私は考える。

平松氏は、「著者（紅林）は、『実質的に平等な政治参加、民衆の積極的な政治参加をよりしやすくし、それを発展させるのである。それには当然、直接民主制的要素も大いに取り入れるべきであるが、大規模な社会にあっては、すべてを直接民主制で行うことは不可能であり、代議制度自体は必要かつ有効である』と述べている。直接民主主義は代議制の間接民主主義より好ましい、基本的に良いものと捉えているように思う」と書かれているが、上記「直接民主主義は代議制の間接民主主義より好ましい、基本的に良いものと捉えているように思う」は私の文章を見てもらえばわかるように、そこでは私は逆に大規模な社会における直接民主制の限界と代議制の必要性と有効性を述べたのである。

「民主主義の土台は自由な言論交流だが、ネット時代によって言論交流が資本の支配から脱しつつある。言論の拡散／蓄積／伝搬には放送や出版など一定の物質的基盤が必要であり、言論がこれら物質的基盤の所有者（資本や国家や党）の支配下にあった。しかし現代では言論はインターネット上で非物質に近い状態で流通し、個の意見のグローバルな発信も物質的制約から解放されている。これは社会変革としての革命の在り方もマルクスが描いていたものとはかなり違うものとなっても不思議ではないだろう。言論の生産と流通の新しい物理的基盤の上に新しい民主主義が形成されるのではないか」という平松氏の指摘には私も同感である。

丸山茂樹氏へ　モンドラゴン協同組合などについて

丸山茂樹氏にはモンドラゴン協同組合や協同組合自体に関して、さまざまな貴重なご教示をいただいた。また丸山氏は韓国に留学されていたことがあり、韓国の政治や朴元淳（パク・ウォンスン）ソウル市長の市政改革に詳しく、またグラムシの思想にも詳しい方で、その面でもいろいろ教えられた。そして『図書新聞』に拙著の書評を書いていただき感謝している。なお丸山氏は「評者としては未来社会を『社会主義的変革』に止まらない全地球規模の政治、経済、社会、文化、生活世界の大転換、すなわちエコロジカルで多様な価値観に寛容で持続可能な新しい文明創造としての変革に深化させてほしいと願うものである」と記されているが、拙著では、「社会主義的変革」をテーマにしていたため、その問題を中心に私の見解を述べたが、「エコロジカルで多様な価値に寛容で持続可能な新しい文明創造としての変革」も確かに重要で、必要だと思う。

村岡到氏へ　既成概念にとらわれない大胆な発想

村岡到氏には、私の著作を評価していただき、村岡氏の運営する出版社ロゴスから、拙著を出版していただいたことによって、私の初の単著として出版できた。このことを村岡氏に深く感謝したい。また、「社会主義的変革の可能性と困難性」、「モンドラゴン協同組合の経験」など拙著の多くの部分は、『プランB』、『もうひとつの世界へ』などロゴス発行の雑誌やブックレットに掲載したものである。

また村岡氏の社会主義論、従来の左翼の既成概念にとらわれない大胆な発想にも教えられるところが大きかった。その点もあわせて感謝したい。

なお私は村岡氏と若干の見解の相違もある。私は村岡氏同様、「プロレタリアート独裁」、「暴力革命」を民主制の下では否定するわけであり、現代の資本主義社会においては、「ブルジョワジー独裁」であることも否定するが、ブルジョワジーによる「階級支配」までも否定する村岡氏とは違い、私は現代の資本主義においてもブルジョワジーによる「階級支配」は厳然として存在し続けていると考える。「支配」と「独裁」は異なり、「独裁」は何者にも制約されない、絶対的、全面的な支配であるが、資本主義の下では、ブルジョワジーによる生産手段の独占の下、労働力の商品化と剰余価値の搾取が構造的に行われ、その経済的支配構造を基礎に、政治的支配力、影響力も行使し、ブルジョワジーの階級的利害が実現されている。そこでは形式的には自由・平等な商品交換関係、等価交換を通して、経済的搾取関係が隠蔽され、その所有構造や搾取構造に手をつけない限り、形式的に自由・平等な民主制も許容され、まさに資本主義に適合的な制度として、積極的に肯定されてきた。マルクスの時代は、それでも制限選挙で、労働者階級に選挙権が拡大されておらず、民主制も部分的にしか実現していなかったが、一人一票の普通選挙が実現した今日、まさにこの民主制の外衣の下で、生産手段のブルジョワジー所有に基づく階級支配が実現している。しかし一方で、この民主制は、有権者の多数派としての労働者、勤労者の意思を反映させうる制度ともなりうるのであり、これこそ資本主義を覆し、民主制を通した社会主義的変革実現の根拠ともなる。それにはブルジョワジーによる階級支配の根源である、生産手段の私的所有の廃止、社会化が不可欠である。

ところで村岡氏は、ベーシックインカム（生存権所得）の財源として「ぜひとも検討してほしい論点」として、「雇用税」を挙げるが、私にはその仕組みがわからない。雇用に対して課税することは、マルクス経済学的にいえば、剰余労働の搾取行為に対する課税であるから妥当とも思えるが、資本家、経営者はこの税負担を避けるために、省力化、ＡＩ化を進め、雇用が減少する懸念もある。雇用を増やす観点からは逆効果である。しかし村岡氏の主張する「雇用税」は、労働者を雇用する企業などから徴収するとする一方、「これまで月給二五万円の労働者は賃金として一五万円受け取り、生存権所得を一〇万円支給される」と例示しており、これでは、賃金を生存権所得給付分引き下げられており、雇用税を実質的に負担するのは労働者になってしまう。この例示では、賃金の引き下げ分と生存権所得の給付額が同額になっており、労働者の得る賃金と生存権所得の給付額の合計額は、旧来の賃金額とたまたま変わらないことになっているが、雇用税の徴収が賃金の引き下げに結びつく不適切な例示ではなかろうか。

『ゴータ綱領批判』の、（共産主義の低次の段階では、）「各人は能力に応じて働き、労働に応じて受け取り、共産主義の高次の段階では、「各人は能力に応じて働き、必要に応じて受け取る」というマルクスの規定に対して、村岡氏は「このマルクスの想定自体に問題がある。分配は生産の従属関数であると考えるマルクスが分配の仕方をメルクマールにして、社会主義か共産主義かを分けて考えること自体が錯誤だったのである。それよりもはるかに重大な問題は、マルクスが分配を軽視していたことが、ロシア革命後の経済運営の躓きに結びついたのである」と書いているが、分配が生産関係の従属関数であったこれまでの社会と異なり、マルクスの考える共産主義の低次段階（社会主義）と高次段階（共産主義）は、共に生産手段は社会化されており、その意味で両者は生産関係自体は基本的に変わらないのである。ただしマルクスにおいては、高次段階において、「あふれ出る富」という表現があるように、高次段階では生産力の飛躍的上昇が分配関係を変えると想定するのである。私自身は、生産力の発展のみに分配原則の変更の根拠を求めるマルクスのこの考え方は、不十分であり、生産力主義的偏りがあると考えるが、同時にマルクスは、分配原則の変更・発展を、平等原理の実質化・深化としても捉えている。より重要なこの観点を見落としてはならないと私は考える。なお「必要に応じて」を「欲望に応じて」と訳す人もいるが、私は個人の「欲望に応じて」ということではなく、「社会的に認められた必要」と考えるべきだと思う。そして何を「社会的に認められた必要」とするかは、まさに民主的討議に基づく社会的合意にかかっていると思う。現資本主義社会の中でも、この「社会的に認められた必要」は、日本などの公的医療保険制度における医療給付（現物給付）や介護保険における「要介護度」の認定などにおいて部分的に行われている。なお私は平等原則の実質化・深化という観点から言えば、マルクスの例示したように共産主義を低次と高次に二段階的に分けて、分配原則を変えるのではなく、実質的平等を実現するための「必要に応じた分配」を、そのまさに社会的必要性に応じて、徐々に、意識的に拡大してゆくことが必要であり、それは社会主義社会実現（生産手段が社会化される）以前の現資本主義社会においても、すでに部分的に行われている。

吉田健二氏へ　分配の在り方について

吉田健二氏は「『能力に応じて労働し、労働に応じて分配される』のが初期の社会主義で、『能力に応じて労働し、必要に応じて分配される』のが発展した共産主義だという言い方は、今では通用しない教条のように思えます」と述べられ、「労働したくてもできない障碍者のことを考えれば、必要に応じて分配するのは当たり前だし、苦労して労働する労働者のことを考えれば、労働に応じて分配するのが当たり前、どちらが先か後かではなく、どちらも正しいように思うのです」と書かれて、さらに「私（吉田氏）は、ベーシックインカムを前提にするべきだと考えます。その上で、労働力提供に対する対価の賃金の額は、同一価値労働同一賃金で決定するのが望ましいと考えます」と述べられている。私（紅林）も、マルクスが『ゴータ綱領批判』で述べたように、「能力に応じて労働し、労働に応じて分配される」と「能力に応じて労働し、必要に応じて分配される」の分配原則を共産主義の低次段階と高次段階というように二段階論的分けるのは正しくなく、現在の日本の資本主義制度の下でも、公的医療保険制度においても、不十分な面はあるにせよ、必要に応じた医療給付が行われているように、それこそ、社会的必要性に応じて、「必要に応じた分配」を導入してゆくことが妥当であると考える。とはいえ、マルクスが『ゴータ綱領批判』で述べたように、共産主義の初期段階では、ブルジョワ社会的意識の残滓（能力の差を無視した「労働に応じた分配」の主張）や生産力的な限界もあり、「必要に応じて分配」だけではやっていけないことがあり、その段階では、「労働に応じた分配」を重視せざるを得ない側面もあることは理解できる。

なお「ベーシックインカム」（村岡到氏では「生存権所得」）については、吉田氏も述べられているように、「労働に応じた分配」、「必要に応じた分配」にかかわらず、その前提として保障されるべきである。資本主義下の日本国憲法でも、生存権が掲げられている（しかし実態はそれが無視されている）ように、生存権を実質的に保障するのは、社会主義の大前提であるからである。

吉田氏が述べられている「日本的な年功序列賃金制度は、正社員が一つの企業に忠誠を誓う代わりに一生の生活を保障されるという制度であり、実態としては労働者の自律を妨げてきました。パート労働者など非正規労働者との差別賃金という点でも、年功序列賃金制度は誤りです」という批判はそのとおりだと私も思う。

「また労働組合が民間企業職場で大きな力を持ち、企業を民主的に規制して行けるようになって初めて、『脱資本主義』に向けて動き出せると思います。国家による上からの統制と、職場労働組合による下からの統制の両方があってこそ、企業の運営を民主的に矯正していけます」という吉田氏の指摘もそのとおりだと思う。

吉田万三氏へ　賛辞に感謝

吉田万三氏に「真正面から社会主義的変革を掲げて直球を投げ込んだ紅林氏の志に、私は賛辞を送りたいと思う」と書いていただいてありがたい。そして吉田氏は「このような提言には二つの意味がある」とされ、「第一に、こうした議論の蓄積は、即効性はないものの将来必ず生きてくるものである。地方自治の分野でも、地道な自治体研究や財政分析が行われているが、この内容は自治体改革のカギとなるポイントを示すものである」。「第二に、こうした議論の活発化は、現実の社会変革をめざす諸運動の共通項を探ることにもつながり、一致点を見出し協力の動きを加速させるものになるはずである」と評価していただいた。東京都の足立区長を勤められた吉田氏の言葉だけに重いものがあるし、ありがたい。

地方自治に関しては、私は「希望のまち東京をつくる会」に参加する中で、財政分析などの重要性について実感しているところである。

あとがき

皆様からは早々と貴重な書評やコメントをいただきながら、私の遅筆ゆえ、リプライを書くのに多くの月日がたってしまい、書評やコメントをいただいた方々には大変失礼致しました。一九名の方々の書評やコメントに対するリプライは、本書収録のとおりですが、各々の方々へのリプライの字数に大きな長短が出てしまって恐縮です。それは決して、書評やコメントに対する謝意や賛意の大小を表すものではなく、あくまで、私自身の現在の関心に沿って、書き連ねた結果、そうなってしまったものです。短いリプライしか書けなかった方々には、決して、軽視しているわけでないことをご理解、お許しを乞いたいです。

こうして、私の前著に対する書評やコメントをまとめ、それに対する私のリプライと合わせて、前著の続編に当たる一冊の本として出版できたのは、ロゴスの村岡到氏のおかげです。一九名の方々のなかには同氏の知人も何人か入っています。深く感謝します。

なお先の拙著『民主制の下での社会主義的変革』では、第Ⅱ部として「民主的選挙制度を求めて」を収録しましたが、今回、続編の本書を出すに当たって、その続編として、「被選挙権、立候補権」

を制約するものとしての高額な「選挙供託金制度」と宇都宮健児弁護士を弁護団長として、現在、東京地裁で闘われている「供託金違憲訴訟」、それから「選挙運動権」を制約するものとしての日本の現行の公職選挙法の問題点について新たに書き下ろす予定でしたが、私の遅筆と力不足ゆえに、それを果たすことができませんでした。いずれ別の形で、発表したいと思っています。

紅林 進

二〇一八年九月

執筆者

岩田昌征　いわた・まさゆき
　1938年生まれ　千葉大学名誉教授
宇都宮健児　うつのみや・けんじ
　1946年生まれ　元日本弁護士連合会会長
大津留公彦　おおつる・きみひこ
　1952年生まれ　新日本歌人協会常任幹事
大西　広　おおにし・ひろし
　1956年生まれ　慶應義塾大学教授
久保　隆　くぼ・たかし
　1949年生まれ　評論家、『アナキズム』誌編集委員
小泉雅英　こいずみ・まさひで
　1950年生まれ　フリー・ディレクター
斉藤日出治　さいとう・ひではる
　1945年生まれ　大阪産業大学名誉教授
櫻井善行　さくらい・よしゆき
　1950年生まれ　定時制高校非常勤講師
佐藤和之　さとう・かずゆき
　1960年生まれ　佼成学園教職員組合執行委員
瀬戸　宏　せと・ひろし
　1952年生まれ　摂南大学名誉教授
武市　徹　たけいち・とおる
　1952年生まれ　進路社代表
中瀬勝義　なかせ・かつよし
　1945年生まれ　技術士、海洋観光研究所
西川伸一　にしかわ・しんいち
　1961年生まれ　明治大学教授
平岡　厚　ひらおか・あつし
　1948年生まれ　元杏林大学准教授

平松民平　ひらまつ・たみへい
　1945年生まれ　T&C社エンジニア
丸山茂樹　まるやま・しげき
　1937年生まれ　参加型システム研究所客員研究員
村岡　到　むらおか・いたる
　1943年生まれ　季刊『フラタニティ』編集長
吉田健二　よしだ・けんじ
　1963年　中小企業労働者
吉田万三　よしだ・まんぞう
　1947年生まれ　元足立区長、歯科医師

紅林 進（くればやし すすむ）

1950年生れ。

法政大学経済学部卒、その後、公務員や学校職員、図書館員などを経て、フリーライター。

現在、社会主義理論学会委員。

社会主義って何だ、疑問と討論

2018年10月21日 初版第1刷発行

著 者 紅林 進

発行人 入村康治

装 幀 入村 環

発行所 ロゴス

〒113-0033 東京都文京区本郷2-6-11

TEL.03-5840-8525 FAX.03-5840-8544

URL http://logos-ui.org

印刷／製本 株式会社 Sun Fuerza

定価はカバーに表示してあります。 ISBN978-4-904350-50-8 C0031